Thomas Schirrmacher
David Schirrmacher

Korruption
Wenn Eigennutz vor Gemeinwohl steht

SCM
Hänssler

SCM

Stiftung Christliche Medien

Der SCM-Verlag ist eine Gesellschaft der Stiftung Christliche Medien, einer gemeinnützigen Stiftung, die sich für die Förderung und Verbreitung christlicher Bücher, Zeitschriften, Filme und Musik einsetzt.

© der deutschen Ausgabe 2014
SCM Hänssler im SCM-Verlag GmbH & Co. KG · 71088 Holzgerlingen
Internet: www.scm-haenssler.de · E-Mail: info@scm-haenssler.de

Die Bibelverse sind, wenn nicht anders angegeben,
folgender Ausgabe entnommen:
Elberfelder Bibel 2006, © 2006 by SCM R.Brockhaus im SCM-Verlag
GmbH & Co. KG, Witten.

Umschlaggestaltung: Jens Vogelsang, Aachen
Titelbild: fotolia.com
Satz: typoscript GmbH, Walddorfhäslach
Druck und Bindung: CPI books GmbH, Leck
Gedruckt in Deutschland
ISBN 978-3-7751-5524-3
Bestell-Nr. 395.524

Inhalt

Geht es Ihnen nicht auch so? Über manches Thema würde man gerne als Normalbürger besser Bescheid wissen – oder man muss es vielleicht sogar aus beruflichen Gründen oder weil man betroffen ist oder Betroffene kennt. Doch was die Fachleute schreiben, ist im Normalfall zu kompliziert oder zu umfangreich. Und wer hat schon Zeit, sich in jedes Thema wochenlang einzuarbeiten!?

Hier wollen wir Hilfestellung leisten. In *Hänssler kurz und bündig* geben Fachleute, die sich mit einem Thema schon seit Jahren intensiv beschäftigen und Erfahrung haben, es etwa in Vorträgen verständlich und komprimiert zu präsentieren, kurz und verständlich einen Überblick über das, was man wissen muss, wenn man Bescheid wissen will und mitdiskutieren möchte.

Dabei enthält jeder Band der Reihe *Hänssler kurz und bündig* die folgenden Elemente:
- Fakten und Basisinformationen
- die Diskussion kontroverser Fragen
- praktische Hilfen und Hinweise zum Weiterarbeiten

All das ist so angelegt, dass der Leser sich in zwei bis drei Stunden (also etwa statt des Abendkrimis oder auf einer Zugfahrt) ein Thema in seinen Grundlagen aneignen kann. Die Anwendung im Leben oder das anschließende Gespräch mit anderen wird dann aber sicher etwas länger dauern...

Ich wünsche mir, dass dieses Buch Ihren Horizont erweitert und die Informationen liefert, die Sie suchen.

Thomas Schirrmacher

I. | Asoziale Marktwirtschaft

1. Einführung ins Thema

In Bayern spricht man von Amigos, in Köln vom Klüngel, in der Schweiz von Vetterliwirtschaft. Man spricht von Schmieren, Schieben, Salben, Ölen, Versorgen, Gefallen einfordern, davon, dass eine Hand die andere wäscht, und von parasitären Strukturen. Das klingt dabei allerdings oft eher verharmlosend. Korruption ist aber kein privates Problem und kein Kavaliersdelikt. Korruption kann töten, etwa wenn minderwertige Ersatzteile in Flugzeuge eingebaut werden, Entwicklungsgelder für Hungernde privat abgezweigt werden oder die Trinkwasserversorgung deswegen überteuert ist und Arme sie sich deswegen nicht leisten können. Von Korruption sind alle oder wenigstens sehr viele betroffen, auch wenn sie es meist nicht unmittelbar merken oder wissen. Alle sind davon betroffen, weltweit aber am meisten die Ärmsten der Armen, etwa wenn entscheidendes Geld für Trinkwasser, Nahrung, medizinische Versorgung und Bildung fehlt.

Die Weltbank schätzt, dass jedes Jahr mehr als eine Billion Dollar in korrupte Kanäle fließen. Die Beseitigung der extremsten Armut (Menschen, die von weniger als 1,25 US-Dollar am Tag leben) würde geschätzte 60 Milliarden US-Dollar pro Jahr kosten. Bei industriellen Großprojekten munkelt man selbst innerhalb von Deutschland, Österreich und der Schweiz von drei Prozent des Auftragswertes als Schmiergeldsumme. Internationale Manager gehen davon aus, dass Korruption die Projektkosten im Schnitt um zehn Prozent erhöht, es können aber auch bis zu 25 Prozent sein.

Immer neue Sensationsartikel und Prozesse bringen es an den Tag: Korruption und Bestechlichkeit greifen auch in den deutschsprachigen Ländern immer mehr um sich, im kleinen, im mittleren wie im ganz großen Bereich. Wie weit das gehen kann, zeigt das Beispiel, dass Rainer Barzels Kanzlerschaft wohl beim Misstrauensvotum im Deutschen Bundestag scheiterte, weil sich zwei CDU-Abgeordnete von der DDR hatten kaufen lassen – die Wende und die deutsche Wiedervereinigung brachten es ans Licht. »Noch in den 1980er-Jahren galt Korruption vornehmlich als ein nationales Problem der weniger entwickelten Staaten.«[1] Dann erschütterte die Flick-Affäre die Republik.

Was uns einst nur aus dem globalen Süden oder aus Italien bekannt zu sein schien, wird mehr und mehr auch bei uns alltäglich. Der unbestechliche Beamte, einst Leitbild preußischer Disziplin, wird seltener und ist nicht mehr Leitbild etwa für Ausbildung oder Auswahlverfahren. Wenn auch die Richterschaft in Deutschland, Österreich und der Schweiz selbst noch weitgehend von Bestechungsfällen verschont geblieben ist, greift das »Schmieren« etwa bei Botschaften, bei Zoll und Polizei, in Behörden und Aufsichtsgremien immer mehr um sich, um vom Bereich der Wirtschaft einmal gar nicht zu sprechen.

Sicher gibt es auch gute Zeichen. So geben laut Eurobarometer statistisch gesehen null Prozent der Deutschen an, sie hätten mit Bestechung von Polizisten Erfahrung (in Österreich sind es zwei Prozent, die Schweiz wird nicht erfasst). In Lettland liegt die Zahl innerhalb der EU mit acht Prozent am höchsten.[2] Aber leider stehen auf der anderen Seite auch in Deutschland Korruptionsaffären, die die Spitzen des Staates involvieren.

Die CDU-Spendenaffäre rund um das Jahr 1991 wurde 1999 aufgedeckt und erreichte schließlich auch den früheren Bundeskanzler Helmut Kohl, der 2000 als CDU-Ehrenvorsitzender zurücktrat. Er hatte sich zwar nicht persönlich bereichert, aber der CDU schwarze Gelder zukommen lassen, und verschweigt bis heute die Namen der Geber beharrlich. Sein Nachfolger als CDU-Vorsitzender, Wolfgang Schäuble, stolperte kurz darauf darüber, dass er fälschlich behauptete, er habe von alldem nichts gewusst.

Bundeskanzler Gerhard Schröder peitschte 2005 kurz vor seiner Abwahl die russische Ostsee-Gaspipeline durch, gab nach der Wahl – als er nur noch geschäftsführend im Amt war – unter Ausschluss der Öffentlichkeit einen großzügig ausgestatteten Milliardenkredit zum Bau einer Gaspipeline von Russland nach Deutschland (der dann jedoch nicht in Anspruch genommen wurde). Er erhielt wenige Wochen nach der Wahl von Wladimir Putin ein lukratives Aufsichtsmandat als Vorsitzender der Aktionärsversammlung der Pipelinegesellschaft North Stream AG, einer 51-prozentigen Tochter des russischen Staatskonzerns Gazprom. Außer medialem Naserümpfen geschah nicht viel. Bis heute sind Schröder und Putin enge Freunde. Immerhin dürfte Angela Merkel ihre fast triumphale Wiederwahl auch dem Umstand zu verdanken haben, dass sie nach Kohl und Schröder das mächtigste Amt in Deutschland offensichtlich von privater Vorteilsnahme – und sei es nur ein aufwendiger Lebensstil – frei hält. Die Vorgänge um Christian Wulff zeigen aber auch, wie sensibel die Öffentlichkeit in Deutschland im Vergleich zu anderen Ländern reagiert.

Bis zur Finanzkrise galt die Umgehung von Gesetzen, Regeln und Moral zum eigenen Vorteil sehr vielen Bundesbürgern als pfiffig und verständlich. Mit der Finanzkrise wurde aber offensichtlich, dass einige wenige unmoralisch Handelnde Millionen, ja Milliarden Menschen in ihrer Existenz gefährden können. Ein Mensch hat vielleicht eine Jacht mehr – meist am Ende noch nicht einmal das –, aber Millionen können plötzlich die Lebensmittelpreise nicht mehr bezahlen oder in der westlichen Welt ihr Haus nicht mehr abbezahlen.

Zwei ganz unterschiedliche Erfahrungen und Ereignisse waren für mich (Thomas) persönlich ein Einstieg in das Thema Korruption. 1979 war mein Rückflug von Jakarta, der Hauptstadt Indonesiens, ordentlich gebucht, bezahlt und bestätigt, ebenso der meiner Begleitperson. Als wir einchecken wollten, erfuhren wir, alle Plätze seien besetzt. Alle Proteste fruchteten nichts und so verbrachten wir eine unangenehme Woche des Wartens mitten in der Regenzeit. Zum Glück stellten uns Freunde eine Übernachtungsmöglichkeit zur Verfügung. Tag für Tag dasselbe: Alle Plätze waren belegt. Schließlich klärte mich mein im Land lebender Schwager auf: Beim Einchecken hat der Tisch zwei Ebenen. Oben legt man das Flugticket hin, darunter das Geschenk. Im Nu hatten wir unsere Plätze. Die Schalterbeamten erhalten von vornherein ein geringes Gehalt, weil sie es ja sowieso durch Korruption aufbessern – Garantie für einen fast endlosen Kreislauf. War es richtig – zumal als »fromme« Christen –, das erwartete Geschenk zu geben, oder hätten wir auf unbestimmte Zeit in Indonesien bleiben müssen? Heute gäbe es in Indonesien immerhin Stellen, wo man sich beschweren kann.

Das war vor 35 Jahren und wir waren froh, wieder im »verlässlichen«, vermeintlich korruptionsfreien Deutschland zu sein. Kurz darauf schrieb ich (Thomas) – damals noch Student – als Volontär einen Zeitungsartikel darüber, wie leicht es sei, an bestimmten Schulen meines Wohnortes Drogen zu erhalten. Zudem wüsste jeder, dass Drogenrazzien erfolglos seien, weil vorher immer eine Warnung erfolge. Kurz darauf wurde ich vom Drogendezernenten vorgeladen, der mich zwingen wollte, meine Quellen preiszugeben, und mich nicht wie einen Zeugen behandelte, sondern wie einen Verbrecher. Ich hatte das Empfinden, dass er selbst abhängig sei, und ahnte, dass er selbst die undichte Quelle war. Jedenfalls erstattete ich in meiner Ahnungslosigkeit umgehend Anzeige beim Landeskriminalamt, das mich dann intensiv über das Verhör verhörte. Einige Wochen später wurde der Drogendezernent zur Verkehrsschule versetzt – mehr habe ich nie erfahren. Diese beiden unterschiedlichen Ereignisse waren jedenfalls mein Einstieg in die Thematik.

Wir haben uns als Menschenrechtler das Thema Korruption vorgenommen, weil Korruption nicht nur selbst direkt

Menschenrechte verletzt und nicht nur Menschenrechte verletzt werden, um Korruption zu verschleiern, sondern weil ein erheblicher Teil der Menschenrechtsverletzung erst durch Korruption ermöglicht wird oder die Strafverfolgung bei Menschenrechtsverletzungen wegen korrupter Justiz nicht funktioniert.

Der Vater des Pietismus, dem wir uns zurechnen, Philipp Jakob Spener (1635–1705), schrieb 1675 in seiner Hauptschrift »Pia Desideria« (»Fromme Wünsche«), wie schrecklich es sei, dass selbst Christen sich durch Korruption »Vorteile« verschafften, die »dem Nebenmenschen … beschwerlich sind, ja ihn gar unterdrücken und aussaugen«. Die alttestamentlichen Propheten sahen in der Bekämpfung von Korruption und Habgier den besten Weg zum Schutz der Armen und Rechtlosen. Dem können wir uns nur anschließen.

Drei Vorbemerkungen seien noch gemacht:

1. Ich, David, habe unter anderem in Polen studiert und habe Geschäftsbeziehungen zu China und Korea. Ich, Thomas, habe eine Professur in Rumänien und eine in Indien und kenne beide Länder gut. All dies sind Länder, in denen Korruption weit verbreitet ist, wenn auch in jedem Land wieder anders gelagert.

2. Mehr als die Hälfte der Beispiele stammen aus Deutschland, Österreich und der deutschsprachigen Schweiz, also den Herkunftsländern unserer deutschsprachigen Leser. (Liechtenstein haben wir nicht berücksichtigt.) Wir haben diese Beispiele jeweils durch einen kleinen kursiven Vorsatz gekennzeichnet, sodass man sie gut vom restlichen Text unterscheiden kann.

3. Bei den konkreten Beispielen, die wir anführen, handelt es sich in der Regel um Fälle, wo es zu rechtmäßigen Verurteilungen kam und die deswegen offengelegt wurden. Deswegen liegen etliche der Fälle schon einige Jahre zurück.

2. Macht, Machtmissbrauch, Gewaltenteilung

Wer kontrolliert die Macht?

»Macht korrumpiert, absolute Macht korrumpiert absolut.«[3] Dies ist ein verkürzter Ausspruch des britischen Historikers Lord Acton (1834–1902) vor 150 Jahren. Acton glaubte als Christ, dass Menschen böse sind und man niemand wirklich trauen kann: »Mein Dogma ist die generelle Bosheit der Menschen mit Autorität.«[4] Deswegen müsse Macht geteilt, zeitlich beschränkt und kontrolliert werden. Seit dem 17. Jahrhundert war aus der Lehre von der Erbsünde immer stärker die politische Lehre von der Gewaltenteilung gefolgert worden, die sich bis zu Johannes Calvin (1509–1564) zurückverfolgen lässt. Es wird heute oft vergessen, dass die Gewaltenteilung wesentlich der Korruptionsbekämpfung dienen sollte.

Man muss also nicht warten, bis im Einzelfall jemand korrupt wird, sondern alle Systeme von vornherein so anlegen, dass sie mit Korruption rechnen und ihr von Anfang an wehren. Sicher, viele Menschen sind nicht korrupt, aber sie werden sich an solchen Präventionsmaßnahmen, Überprüfungen und Strafen nicht stören. Alle anderen aber sollten von Anfang an wissen, dass Korruption erwartet und deswegen von vornherein konsequent angegangen wird.

Habgier macht korrupt, wenn sie mit Macht gekoppelt ist, andere auszubeuten und sich unrechtmäßige Vorteile zu verschaffen. Habgierige und korrupte Einstellungen führen zu korruptem Verhalten, die wiederum korrupter machen und den ganzen Charakter zerstören. Der Erfolg schreit nach Wiederholung, die Hemmschwellen fallen, nicht nur in Bezug auf die Korruption selbst. Die Notwendigkeit der Gewaltenteilung gilt nicht nur für die Politik, sondern für alle Lebensbereiche. Wo einzelne Konzerne wie Google zu mächtig werden und ihre Macht nicht mehr teilen müssen, sind Machtmissbrauch, Manipulation und Korruption in großem Stil die Folge.

Macht spielt in allen Formen des menschlichen Zusammenlebens eine zentrale Rolle. Ohne Macht lässt sich nichts organisieren, gestalten und zum Guten verändern. Aber Macht bedeutet immer auch, dass man die Handlungsmöglichkeiten eines anderen beschränkt. Um der Freiheit der Menschen willen darf dies nur geschehen, wenn es unvermeidlich, durchdacht und begründet und zum Nutzen aller geschieht. Macht darf nicht dazu da sein, auf Kosten der Freiheit anderer egoistische Interessen zu verfolgen.

»Ob Macht konstruktiv oder destruktiv wirkt, hängt entscheidend davon ab, ob sie, wie der Individualpsychologe Fritz Künkel (1889–1956) unterschieden hat, ›sachbezogen‹ oder ›ichhaft‹ eingesetzt wird. ›Sachbezogen‹ ist der Einsatz von Macht dann, wenn die dahinterstehende Intention gemeinschaftsfördernd ist, also etwa, wenn es darum geht, etwas aufzubauen, Entwicklungen voranzubringen, Ideen zu verwirklichen, aber auch, etwas Wertvolles zu verteidigen. Dagegen ist er ›ichhaft‹, wenn die Intention gegen die Gemeinschaft gerichtet ist – also etwa, wenn sie benutzt wird, um sich über andere zu stellen, andere klein zu machen, Wertvolles zu zerstören. Die Umgebung spürt diesen Unterschied sofort und reagiert darauf. Konstruktive Machtausübung wird oftmals kaum wahrgenommen, oder sie wird als eine ›wohlwollend ordnende Hand‹ empfunden und begrüßt. Der entwertende Charakter der ichhaften Machtausübung hingegen polarisiert Unternehmen.«[5]

Korruption – Beispiele aus Deutschland, Österreich und der Schweiz

Hier einige kleine und ganz große Beispiele für Korruption quer durch die deutschsprachigen Länder.

Beispiel Berlin/Dresden – Amtliche Dokumente: In Berlin mussten jüngst 2000 Menschen ihren Führerschein zurückgeben und neu erwerben, da jahrelang TÜV-Mitarbeiter Fahrschülern gegen Bares bei den mündlichen Prüfungen halfen. In Dresden besorgten zwei Mitarbeiter der Ausländerbehörde gegen Bares Aufenthaltstitel für Vietnamesen.

Beispiel Hamburg – Untersuchung des Senats: Die Innenbehörde des Hamburger Senats ließ für 2009 eine umfangreiche Untersuchung anstellen. Nachweisbar war, dass Unternehmen 4,47 Millionen Euro an Bestechungsgeldern zahlten und sich damit Vorteile im Wert von 35,26 Millionen Euro verschafften. Würde man immer und überall solche Untersuchungen machen, könnte man wohl ähnliche Verhältnisse für ganz Deutschland hochrechnen.

Beispiel München – Allianz-Arena: Karl-Heinz Wildmoser jun., Geschäftsführer des TSV 1860 München, wurde 2005 zu viereinhalb Jahren Haft verurteilt, weil er zusammen mit seinem Vater, dem Präsidenten des Vereins, beim Bau der Allianz-Arena in München 2,8 Millionen Euro dafür erhielt, dass er der österreichischen Baufirma Alpine-Mayreder Bau Salzburg GmbH die notwenigen Informationen gab, um den Bauauftrag über 280 Millionen Euro zu erlangen.

Beispiel Bayern – Formel-1-Aktien: Der Formel-1-Chef Bernie Ecclestone muss sich soeben (April 2014) wegen Bestechung und Anstiftung zur Untreue in einem besonders schweren Fall vor dem Landgericht München I verantworten. Ecclestone hatte in den Jahren 2006 und 2007 dem früheren Vorstand der BayernLB, Gerhard Gribkowsky, knapp 44 Millionen US-Dollar zukommen lassen, damit sich dieser in seiner Bank für den Verkauf eines Aktienpaketes der Bank an den Ecclestone genehmen luxemburgischen Finanzinvestor CVC einsetzte, der Ecclestone wiederum 41 Millionen US-Dollar Provision zahlte.

Beispiel Deutschland – VW: 2005 wurde bekannt, dass die Firmenleitung von Volkswagen (VW) jahrzehntelang Mitglieder des Betriebsrates mit finanziellen Zuwendungen, Luxusreisen und Bordellbesuchen weltweit bestochen hat. Rechtskräftig wurden Arbeitgeberseite und Gewerkschaftsseite gleichermaßen verurteilt, der frühere Personalvorstand Peter Hartz 2007 zu einer Bewährungsstrafe und der frühere Gesamtbetriebsratsvorsitzende Klaus Volkert 2008/2009 zu einer fast dreijährigen Freiheitsstrafe. Für die brasilianische Geliebte des Letzteren hatte VW Hunderttausende von Euro bezahlt. Übrigens begannen die Ermittlungen gegen VW durch Zufall: Dem LKA fiel auf, dass Beschatter eines Bordells mittwochs keine Berichte ablieferten. Als Begründung gaben sie an, dass an dem Tag jeweils ein VW-Vorstand VW-Betriebsräte und Gewerkschaftler in das Bordell ausführe. Der Klüngel zwischen der regierenden SPD und VW begann direkt nach dem Krieg und war so einfach, weil das Land Miteigentümer von VW war. Der Klüngel fand unter den Ministerpräsidenten Gerhard Schröder und Christian Wulff seinen Höhepunkt, wobei Schröder unbeschadet aus der VW-Affäre hervorging, obwohl Peter Hartz noch einer seiner engsten Berater war, als Schröder schon Bundeskanzler war.

Beispiel Deutschland – Siemens: Ende 2006 startete der Münchner Staatsanwalt eine Großrazzia bei Europas größtem Technologiekonzern Siemens. Die Ergebnisse der Ermittlungen erschütterten den internationalen Konzern sehr und fegten fast die gesamte Führungsmannschaft hinweg. Amerikanische Anwälte durchforsteten zusätzlich den Konzern – immerhin ging es um Schmiergeldzahlungen von geschätzten 1,3 Milliarden Euro zwischen 2000 und 2006, was 2008 zu Strafzahlungen von etwa 1 Milliarde Euro in den USA und Deutschland führte. Erstmals wurde man sich im deutschsprachigen Raum im großen Stil bewusst, dass fehlende Prävention gegen Korruption Großkonzerne und ihre Reputation in ihrer Existenz gefährden kann.

Beispiel Schweiz – Richterwahl: In der Schweiz werden Richter und Richterinnen jeweils von einer großen Partei protegiert und von einer Gruppe von Parteien, die sich abgesprochen haben, eingesetzt. Dafür zahlen sie einen festen Prozentsatz ihres Gehaltes als sogenannte *Mandatssteuer* an

»ihre« Partei. Tun sie es nicht, wird ihnen gedroht, dass sie für eine weitere Amtszeit nicht mehr nominiert werden. Dass dies nicht freiwillig geschieht, zeigt sich daran, dass die meisten Richter die Zahlung verweigern, wenn es sich sowieso um ihre letzte Amtszeit handelt.[6]

Bekannte große Korruptionsaffären in Deutschland

- Der **Lockheed-Skandal** (Bestechung durch Lockheed von Verteidigungsministerien in mehreren Ländern zum Kauf des Starfighter F 104) (1961), Untersuchungsausschuss des Bundestages 1978–1979, Untersuchungsausschuss im US-Parlament, Haftstrafen für den italienischen Verteidigungsminister 1979 und den japanischen Ministerpräsident 1983, Rücktritt von Prinz Bernhard der Niederlande von fast allen Ämtern 1976.
- Die **Flick-Parteispenden-Affäre** (1975–1981), Verurteilungen 1987, u. a. die ehemaligen Bundeswirtschaftsminister Hans Friderichs und Otto Graf Lambsdorff (beide FDP).
- Der **Siemens-Skandal** [siehe oben im Text] (2000–2006, aufgedeckt seit 2006), insgesamt 1 Milliarde US-Dollar Strafzahlungen in den USA und Deutschland, keine Verurteilungen von Personen, das Verfahren gegen den Vorstandsvorsitzenden von Siemens wurde 2011 eingestellt).
- Der **VW-Gesamtbetriebsrat-Skandal** [siehe oben im Text] (ca. 1990–2005, Verurteilungen von Peter Hartz, Klaus Volkert und anderen 2007–2009).
- Die **CDU-Spendenaffäre** [siehe Kapitel »Einführung ins Thema«] (1991 ff., aufgedeckt seit 1999), Rücktritt von Helmut Kohl als CDU-Ehrenvorsitzender 2000.

- Die **Kölner Spendenaffäre** [siehe Teil II, Kapitel »Folgen der Korruption«] (1994–1999): die Kölner SPD erhielt Spenden von Hellmut Trienekens, um den Bau einer Müllverbrennungsanlage zu »fördern«, Verurteilungen 2008.

Bekannte große Korruptionsaffären in Österreich[7]

- Die **Telekom-Affäre**: illegale Zuwendungen an FPÖ, korrupte Auftragsvergabe durch zwei Vizekanzler Österreichs (FPÖ) (2000–2006), Rücktritt des ehemaligen Bundeskanzlers Wolfgang Schüssel (ÖVP) von seinem Nationalratsmandat 2011.
- Die **Tetron-Affäre** (2003): Geldwäsche und Provisionszahlungen bei der vom Innenministerium ausgeschriebenen Umstellung auf ein digitales Funksystem für Behörden und Einsatzkräfte zugunsten von Mitarbeitern des Innenministeriums, Parlamentarischer Untersuchungsausschuss seit 2011.

Bekannte große Korruptionsaffären in der Schweiz

- Die **FIFA-ISL-Affäre** [siehe Teil II, Kapitel »Folgen der Korruption« – Sport] (1989–2001): Zahlungen von 138 Millionen Schweizer Franken oder mehr an FIFA-Funktionäre für Übertragungsrechte, Geldstrafen für Manager, 5,5 Millionen Schweizer Franken Zahlungen, FIFA-Funktionäre wurden nicht belangt.
- Die **Vergabe der WM 2022** an den Mini-Wüstenstaat Katar (2012): Ermittlungen laufen.

Korruption – Beispiele aus
der englischsprachigen Welt

Fahren wir mit einigen ganz unterschiedlichen Beispielen außerhalb der deutschsprachigen Welt fort.

Beispiel USA – Visaverkauf: In den 1990er-Jahren gab es in der US-Botschaft in Prag ein enges Netzwerk zwischen Visaabteilung und tschechischen Menschenhändlern in die USA. In Guyana wurde im Jahr 2000 ein Mitarbeiter des US-Außenministeriums verhaftet, der 1,3 Millionen US-Dollar mit dem Verkauf von Visa verdient hatte. 2005 flog ein Visahändlerring in der US-Botschaft in Mexico City auf, in den Dutzende von Zoll- und Grenzbeamte verstrickt waren.

Kanada – Kreditvergabe: Ein Mitarbeiter der Royal Bank of Canada wurde verurteilt, weil er einer Firma für Metallwaren einen Zigmillionenkredit ermöglichte, indem Papiere gefälscht wurden. Dafür erhielt er ca. 300 000 Dollar.

Beispiel Kenia – Straßenbau/Entwicklungshilfe: 2004 waren in Kenia 14 Prozent der Straßen befestigt, 1990 waren es 13 Prozent. Dazwischen liegen Hunderte Millionen Dollar Unterstützung aus dem Ausland, die zum Ausbau der Straßen geflossen sind, damit sich das Land wirtschaftlich entwickeln kann und um die Unfall- und Sterberate auf den Straßen zu senken. Zudem wird auch dauernd gebaut, aber überwiegend an gutem Material gespart und Millionen werden entwendet. Das Straßenbauministerium gilt ausländischen Gebern als schwarzes Loch.[8]

3. Korruption im geschichtlichen und kulturellen Kontext

Korruption in der Geschichte

Korruption gab es schon immer, sie war aber auch immer schon verpönt und unter Strafe gestellt. Dies sollen ein paar

Streiflichter zeigen. Eine Geschichte der Korruption und ihrer Bestrafung können wir hier natürlich nicht leisten.

Korruption wird bereits im Strafrecht des Alten Ägypten, des antiken Griechenland und vorchristlichen Indien und China verurteilt. Das Zwölftafelgesetz, eine um 450 v. Chr. in Rom entstandene Gesetzessammlung, die in zwölf bronzenen Tafeln auf dem Forum Romanum ausgestellt war, sieht die Todesstrafe für bestechliche Richter vor.

Für den Kirchenvater Augustinus (354–430 n. Chr.) ist die Korruption der politischen Klasse des Römischen Reiches Spiegel und Ursache des Untergangs Roms.

Die Reichsgesetzgebung von Kaiser Theodosius aus dem 5. Jahrhundert, der sogenannte Codex Theodosianus, enthält Bestimmungen gegen Bestechen und Bestechlichkeit sowie gegen Wucher und Erpressung.

Mitte des 11. Jahrhunderts beginnt sich das übliche Geschenk an den Patron, das aus der spätrömischen Zeit stammte, zu wandeln, politische Denker fangen an, die Korruption öffentlicher Ämter zu diskutieren.

In der »Peinlichen Gerichtsordnung« Kaiser Karls V. im 16. Jahrhundert heißt es: »Ich ... schwere, dass ich soll und will inn peinlichen sachen, recht ergehen lassen, richten und urtheylen, dem armen als dem reichen, und das nit lassen, weder durch lieb, leyd, miet, gab, noch keyner andern sachen wegen.«

Herrscher und Mächtige haben früher Kleptokratie viel intensiver betrieben – man denke beispielsweise nur an den französischen König Ludwig XIV. und sein Schloss Versailles – oder sie war offiziell Teil des Systems. In der Feudalwirtschaft beinhaltet ein Amt immer Einnahmen, auch wenn man dafür Schutz gewähren muss. Macht und finanzielle und andere Vorteile werden als eine Einheit gesehen. Im 18. Jahrhundert wird Korruption systematisch von den feudalen Staaten praktiziert, etwa indem man die Minister anderer Staaten besticht.

Dennoch bleibt es dabei, dass die Kritik daran nie verstummt und dass die korrupten Herrscher ihrerseits Korruption unter Untergebenen gegebenenfalls hart bestrafen.

Das Idealbild des nur dem Recht und den Vorschriften verpflichteten Staats-(oder Kirchen-)Vertreters ist recht neu und entsteht mit dem Aufkommen aufgeklärter Monarchen. Der Beamte ist ursprünglich wesentlich auch eine Erfindung gegen Korruption in Wirtschaft, Heer und Politik.[9]

Als Gegenleistung dafür, dass der bayrische König Ludwig II. 1870 dem preußischen König Wilhelm die Kaiserkrone anträgt, erhält er aus Bismarcks geheimem Welfenfonds jährlich 300 000 Goldmark für die Zeit von 1871 bis 1886, womit König Ludwig seine berühmten Schlösser finanziert. Dass man dies jedoch im Geheimen tut, ja der Fonds, aus dem das Geld genommen wird, offiziell nicht existiert, zeigt dennoch, dass man sich der Unmoralität dieser Korruption bewusst ist.

»Gemeinnutz« und »Gemeinwohl« werden im Mittelalter seit dem 14. Jahrhundert zunehmend zur Beschreibung dessen verwendet, was die Regierung – zunächst auf kommunaler Ebene – leisten sollte. Die Maxime »Gemeinnutz geht vor Eigennutz« des französischen Schriftstellers und Staatstheoretikers Baron de Montesquieu (1689–1755) in seinem Hauptwerk »Vom Geist der Gesetze« wird mehr und mehr nicht nur im Umgang mit dem Bürger wichtig, sondern auch als Maßstab für die Herrschenden. Der Missbrauch des Satzes »Gemeinnutz geht vor Eigennutz« im Dritten Reich ändert nichts an der Bedeutung seiner eigentlichen Idee. Montesquieu formuliert auch die Gewaltenteilung, um sicherzustellen, dass Herrschende kontrolliert und beschränkt werden und so Machtmissbrauch entweder verhindert wird, schneller aufgedeckt werden kann oder aber der Schaden nicht so groß ist, wie wenn alle Macht in einer Hand läge.

Ist Korruption kulturell bedingt?

Ist Korruption etwas, das die ganze Menschheit gleichermaßen definiert und verurteilt? Oder hängt die Definition von
Korruption so stark an der jeweiligen Zeit und Gesellschaft,
dass man gar keine internationalen Vergleiche ziehen kann?
Oder anders gefragt: Ist Korruption so etwas wie Folter, das
immer und überall falsch ist, gleich in welcher Kultur? Oder
kann etwas wie Steuerhinterziehung nur in einem bestimmten Jahr und Land definiert werden und ändert sich je nach
Steuergesetzgebung?

Sicher gibt es große kulturelle Unterschiede im Verständnis
von öffentlichen Ämtern, etwa im Umgang mit Geschenken,
in der Bezahlung von Staatsbediensteten. Und natürlich gab
es lange große Unterschiede, welche Art von Korruption bestraft wurde und wie das geschah, auch wenn es in den letzten Jahren eine gewaltige internationale Angleichung der
Gesetzgebung gab. Dennoch gibt es, von Zweifelsfällen ab-
gesehen, viele Arten von Korruption, die die große Mehrheit
aller Erdenbürger für falsch und verwerflich halten, gleich,
ob sie nun direkt unter Strafe stehen oder nicht. Spätestens
wenn in fast jeder Revolution die Herrschenden für völlig
korrupt gehalten werden und der starke Wunsch da ist, nicht
korrupte Politiker an die Stelle zu setzen, zeigt sich, dass
selbst in sehr korrupten Gesellschaft das generelle Wissen
vorhanden ist, dass dies nicht so sein sollte und der Gesellschaft schadet. Ägypten beispielsweise ist eine von Korruption gebeutelte Gesellschaft. Trotzdem oder gerade deswegen konnte Mohammed Mursi mit dem Versprechen Präsident
werden, die Korruption zu beenden und für die Armen da zu
sein. Dass die Bevölkerung ihn schon ein Jahr später wieder
loswerden wollte, lag auch daran, dass er sich als korrupt
erwies und sich mehr um seine eigene Zukunft kümmerte als
um das Wohl des Landes.

Korruption wird ausnahmslos in allen Weltreligionen verurteilt,[10] auch in denen, die vor 1 500, 2 000 oder 2 500 Jah-

ren entstanden sind. Unser geschichtlicher Überblick nennt Strafgesetze gegen Korruption aus allen Zeiten. Auch dort, wo Korruption fester Bestandteil der Kultur ist, wird sie trotzdem als solche gesehen und zumindest in Bezug auf die Herrschenden verurteilt.

Das Argument, die Korruptionsbekämpfung sei kultureller Imperialismus und man müsse akzeptieren, dass es Kulturen gebe, in denen das Beschenken von Amtsinhabern einfach üblich sei, hat seine Durchschlagskraft eigentlich 2003 verloren, als weit mehr als drei Viertel aller Mitgliedsstaaten der UN freiwillig der UN-Konvention gegen Korruption zugestimmt haben, und das, obwohl die Konvention über alles hinausging, was bis dahin bereits an Antikorruptionsabkommen etwa in den USA und Europa vorhanden war. Inzwischen haben 170 Länder die Konvention ratifiziert! Die Konvention wurde übrigens auch von vielen sozialdemokratischen und sozialistischen Regierungen unterzeichnet, war also sicher auch kein neoliberales oder kapitalismus-verdächtiges Projekt, wie manche behaupten. Bei Unterzeichnung gab es noch kaum einen wirklichen Druck auf die Staaten, wie er jetzt zunehmend durch gegenseitige Überwachung der Staaten untereinander oder durch Nicht-Regierungsorganisationen (NGOs) und Medien entsteht.

4. Was ist Korruption und wer ist betroffen?

Definitionen

Korruption ist von Geheimnissen bestimmt. Deswegen sind Tarnen ebenso wie Verschleiern, Täuschen, Lügen, Betrügen und Vertrauensverrat immer Bestandteile der Korruption. Korruption involviert immer mehr als eine Person, die alle Gewinn davon haben. Betrifft es einen Armen, der sich eine ihm eigentlich zustehende Leistung wie eine ärztliche Behandlung erkaufen muss, gewinnt allerdings nur der Reichere und Mächtigere. Ist das nicht der Fall, haben beide Seiten auf Kosten anderer einen zusätzlichen Gewinn, den sie ohne Korruption nicht hätten, also etwa, wenn ein Unternehmer eine für eine Auftragsvergabe zuständige Beamtin besticht. Einer von beiden oder beide gehören also zu den Mächtig(er)en, denn wo keine Macht ist, kann sie nicht missbraucht werden. Je höher die Machtposition, desto größer der potenzielle Gewinn.

Das Entwicklungsprogramm der UN (UNDP) hat eine Formel von Robert Klitgaard ausgebaut, der vom Monopol der Macht spricht:

> Korruption = (Monopolisierte Macht plus Geheimnis) minus (Rechenschaft, Integrität, Transparenz)

Man kann drei Ebenen der Korruptionsdefinition unterscheiden, wobei wir hier im Buch mit der zweiten Ebene operieren:

1. Strafrechtler definieren Korruption sehr eng gemäß Strafrecht, wobei der Begriff selbst im deutschen und österreichischen Recht gar nicht erscheint, wohl aber im Schweizer Recht. Korruption findet sich juristisch in Deutschland und Österreich als Bestechlichkeit, Bestechung, Vorteilsannahme und Vorteilsgewährung (Österreich: Vorteilszuwendung).

2. Politik- und Sozialwissenschaftler definieren Korruption weiter: Es geht um Missbrauch von anvertrauter Macht zu privatem Vorteil, gleich, ob die Handlung unter Strafe steht oder nicht, und gleich, ob es sich um den öffentlichen oder den privaten Sektor handelt.

3. Daneben wird Korruption oft auch in einem weiteren Sinne verwendet, in dem man alles schlechte öffentliche Verhalten fasst.[11] Hier schimmert immer noch durch,

dass der Begriff *corruptio* in der christlichen Theologe der Fachausdruck für die Erbsünde ist.

Transparency International definiert Korruption als *Missbrauch öffentlicher Macht zum privaten Nutzen*. Ähnlich, aber etwas weiter, ist diese Definition: *Missbrauch von anvertrauter Macht zum privaten Vorteil*. Der private Nutzen muss nicht der eigene sein, es kann sich auch um einen Dritten oder um eine Organisation handeln, etwa die eigene Partei.

Bestechung kann durch viel mehr als nur durch Geld und materielle Zuwendungen geschehen. Man kann Menschen mit Ämtern, Titeln, Ehren, Orden oder Beförderung bestechen, mit Mitgliedschaften, Insiderwissen oder Sex. Wenn etwa ein Chef für die Beförderung einer Mitarbeiterin eine sexuelle Dienstleistung erwartet oder angeboten bekommt und diese einvernehmlich geschieht (andernfalls wäre es Erpressung), ist das nicht nur sexueller Missbrauch, sondern auch Korruption.

Politikwissenschaftliche und soziologische Definitionen sind etwas sperriger und definieren den typischen Charakter einer korrupten »Tauschbeziehung«. So definiert etwa Dorothée de Nève Korruption als »eine (i) geheime und (ii) freiwillige Tauschbeziehung zwischen (iii) mindestens zwei Akteuren ... die zur (iv) Erlangung von Vorteilen angelegt ist und mit (v) der Verletzung bestehender Normen und Regeln einhergeht«.[12] Zentral ist hier also die Geheimhaltung, aber auch die Freiwilligkeit. Ohne Geheimhaltung könnte es etwa öffentlichkeitswirksames Sponsoring sein. Ein echtes Geschenk scheut jedenfalls nicht die Öffentlichkeit. Ohne Freiwilligkeit handelt es sich meist um Erpressung.

Wirtschaftswissenschaftler setzen oft noch andere Akzente. Hier ein Beispiel: »Korruption ist Wettbewerbsumgehung. Aus welchen Gründen auch immer, ist der Korrupteur ein defekter Wettbewerber.«[13] Ein »defekter Wettbewerber« ist jemand, der nicht mehr aus seiner natürlichen Position heraus den Markt dominieren kann. Er muss seine schwache Marktposition also durch Bestechung wettmachen.

Das deutsche Bundeskriminalamt (BKA) definiert wie folgt:

»Die kriminologische Forschung definiert den Begriff Korruption als ›Missbrauch eines öffentlichen Amtes, einer Funktion in der Wirtschaft oder eines politischen Mandats zugunsten eines anderen, auf dessen Veranlassung oder Eigeninitiative, zur Erlangung eines Vorteils für sich oder einen Dritten, mit Eintritt oder in Erwartung des Eintritts eines Schadens oder Nachteils für die Allgemeinheit (in amtlicher oder politischer Funktion) oder für ein Unternehmen (betreffend Täter als Funktionsträger in der Wirtschaft)‹. Die Richtlinien für den polizeilichen Nachrichtenaustausch bei Korruptionsdelikten unterscheiden zwischen situativer und struktureller Korruption.

Als situative Korruption werden Korruptionshandlungen bezeichnet, denen ein spontaner Willensentschluss zugrunde liegt, d. h., die Tatbestandsverwirklichung erfolgt als unmittelbare Reaktion auf eine dienstliche Handlung und unterliegt keiner gezielten Planung oder Vorbereitung.

Bei struktureller Korruption handelt es sich um Fälle, bei denen die Korruptionshandlung auf der Grundlage längerfristig angelegter korruptiver Beziehungen bereits im Vorfeld der Tatbegehung bewusst geplant wurde. Es liegen demnach konkrete bzw. geistige Vorbereitungshandlungen vor, die eine Spontaneität der Handlung ausschließen.«[14]

Korruption ist selbst Wirtschaftskriminalität, aber zugleich ist sie eine dauerhafte Begleiterscheinung aller anderen Arten von Wirtschaftskriminalität. Schwarzgeldkonten, Kartellabsprachen, Menschenhandel, organisierte Schwarzarbeit, Zwangsprostitution oder Insideraktienhandel sind praktisch alle nicht zu haben, wenn man nicht »schmiert«.

»Geschwister« der Korruption (Auswahl)

- Simonie (Verkauf von Ämtern)
- Nepotismus/Ämterpatronage (Erlangen eines Amtes durch Beziehungen, statt aufgrund von Befähigung und Leistung)
- Unterschlagung
- Veruntreuung
- Preiskartelle
- Kleptokratie
- Organisierte Kriminalität
- Geldwäsche
- Illegale Wahlkampfspenden
- Wahlbetrug

Wir wollen noch zwei weitere Begriffe ansprechen: »Anfüttern« und »Autokorruption«.

Anfüttern: Unter Anfüttern versteht man, wenn jemandem, von dem man sich zukünftig eine illegale Entscheidung oder Leistung zu eigenen Gunsten erwartet, bereits prophylaktisch etwas zukommen lässt, entweder, um ihn gefügig zu machen, oder um vorzubauen. Ist Anfüttern nicht strafbar, kann man Korruption nur bestrafen, wenn man eine Zuwendung genau mit dem entsprechenden späteren Tauschgeschäft in Verbindung bringen kann. Oft aber erhalten etwa Beamte regelmäßige Zuwendungen, nur um in einem bestimmten späteren Fall Geheimnisse auszuplaudern. Möglicherweise tritt der Fall auch nie ein. Anfüttern ist es etwa auch, wenn man den Wahlkampf eines Politikers finanziert, damit dieser einem später – falls nötig – einen Gefallen schuldig ist.

Autokorruption: Ein Sonderfall ist die sogenannte Autokorruption (griechisch *auto = selbst*), die wir in diesem Buch nicht näher behandeln. Hier bereichert sich ein Amtsträger ohne Mithilfe einer weiteren Partei selbst, etwa wenn ein Beamter eine Ausschreibung einer Firma zuspricht, die ihm selbst gehört.

Amtsträger gründen ihre eigenen Unternehmen und Strohfirmen, um entweder Korruptionszahlungen dorthin zahlen lassen zu können oder um mit ihrem Wissen für die Firmen Aufträge an Land zu ziehen. Dabei kann es sich um sogenannte »Küchenfirmen« (von der heimischen Küche aus betriebene Scheinfirmen) handeln, aber auch um eigenständige, große Unternehmen. Im Prinzip ist dies immer noch Autokorruption, wird aber nicht darunter gefasst, weil die gegründeten Firmen meist eigene Rechtspersönlichkeiten sind und darin meist etliche Eingeweihte oder wenigstens Strohmänner und -frauen involviert sind.

Unterteilungen

Man kann vier Stufen der Korruption unterscheiden:

1. Einzelfallkorruption, Gelegenheitskorruption, Bagatellkorruption
2. Gewachsene korrupte Beziehungen über lange Zeit
3. Korrupte Netzwerke, Kartelle
4. Korruption im Rahmen organisierter Kriminalität

Das deutsche Bundeskriminalamt (BKA) unterteilt die erfassten Fälle von Korruption in Deutschland in zwei Gruppen: »In rund 85 % der Verfahren handelt es sich um strukturelle Korruption mit längerfristig angelegten korruptiven Beziehungen. Der Anteil der Verfahren aus dem Bereich der situativen Korruption liegt mit einem Anteil von rund 15 % geringfügig über der Bandbreite der Vorjahre (zwischen 11 und 14 %).«[15]

Zwei Arten von Korruption kann man auch unterscheiden, wenn man den Bestechenden ansieht, der entweder aus Verzweiflung oder gezwungenermaßen besticht oder aber sich habgierig davon einen Gewinn verspricht. Die erste Art der Korruption »hat eine Nähe zur Erpressung. Hier wird eine Machtstellung ausgenutzt, um Interaktionspartnern Sonderleistungen abzunötigen. Es handelt sich um Belastungskorruption. Sie ist vor allem in Entwicklungsländern weit verbreitet. [...] Die zweite Art dominiert in entwickelten Rechtsstaaten wie Deutschland. Man kann sie als Entlastungskorruption kennzeichnen. Sie wird von den unmittelbar Beteiligten – wie ein Tausch – als vorteilhaft empfunden. Allerdings handelt es sich um einen Tausch zu Lasten Dritter. Entlastungskorruption ist immer mit einem Vertrauensbruch verbunden.«[16]

Frederik Galtung spricht von »Systemkorruption«[17], »wenn Korruption ein Grundbestandteil des Systems darstellt«, was so weit gehen kann, »dass das System sogar von ihrer Existenz abhängt«, etwa wenn die Gehälter im öffentlichen Bereich nicht mehr die Lebenshaltungskosten decken. Solche Systeme sind kaum zu reformieren.

Klassische Kartelle mit wenigen Mitspielern finden sich etwa im Dreieck von Rüstungsfirmen, Verteidigungsministerien, Beschaffungsämtern und für Verteidigung zuständigen Abgeordneten und Politikern. Auch Preisabsprachen und Preiskartelle setzen meist Korruption voraus, ja gehören im weiteren Sinne zur Korruption, bleiben in unserem Buch aber außen vor.

Dauer

»Weiterhin eindeutig vorherrschend ist die strukturelle Korruption, bei der die eigentliche Tatausführung auf der Grundlage von längerfristig angelegten korruptiven Beziehungen erfolgt, bereits im Vorfeld der Tatbegehung bewusst geplant wird und konkrete Vorbereitungshandlungen beinhaltet. Diese Feststellung spiegelt sich auch bei der Betrachtung der Dauer der korruptiven Beziehungen zwischen Nehmern und Gebern wider, bei der Verbindungen mit einer Dauer von drei bis fünf Jahren oder länger überwiegen.«[18]

Frankfurt a. M. – Korruption beim TÜV über einen langen Zeitraum: Beim TÜV Frankfurt konnten gewerbliche Vorführdienste seit 1975 etwa 30 Jahre lang für durchschnittlich 50 DM eine Plakette für mängelbehaftete Autos bekommen, für die Beschleunigung des Verfahrens zahlte man 10 DM. Als dann mittels eines präparierten Testfahrzeugs der Beweis geliefert wurde und die Ermittlungen aufgenommen wurden, wurden am Ende für Tausende von Fällen 41 Personen, Prüfer wie gewerbliche Vorführer, angeklagt, für andere waren die Fälle längst verjährt. Viel mehr Beteiligte wussten oder ahnten davon und schauten weg. Das System überlebte sogar die Privatisierung des TÜV 1992. Ähnliche Fälle rund um den TÜV gibt es immer einmal wieder, so Ende 2013 in Hanau, wo die Polizei unter anderem 40 Fahrzeuge selbst neu überprüfte, um Vorwürfe gegen zwei Mitarbeiter zu erhärten.

Alle Beispiele im folgenden Abschnitt »Korruptionskartelle« sind auch Beispiele für lang anhaltende korrupte Beziehungen.

Korruptionskartelle

Die Hauptstädte der Korruption in Deutschland, die seit Jahrzehnten mit umfangreichen Korruptionsfällen an der Spitze stehen, sind Frankfurt a. M., Köln und Wuppertal. Wählen wir als Beispiele für die große Zahl von Beteiligten Frankfurt aus.

Beispiel Frankfurt a. M. – Korruption im Hochbauamt mit vielen Beteiligten: In Frankfurt wurde bei der Bestechungsaffäre um die Frankfurter Messe aus einem Verdacht gegen einen Mitarbeiter im Jahr 2001 aufgrund intensiver Ermittlungsarbeit eine Anklage gegen 132 Mitarbeiter der Messe und gegen weitere Firmenangehörigen erhoben. Bei der nächsten Frankfurter Korruptionsaffäre um den Evangelischen Regionalverband ging es zunächst nur um die Untreue eines Buchhalters und um ein ungeklärtes Fax. Am Ende richtete sich die Anklage gegen 240 Personen und 120 Firmen sowie –

wie schon bei mehreren Großverfahren früherer Jahre – das Hochbauamt der Stadtverwaltung.

Beispiel Frankfurt a. M. – Korruption mit vielen Beteiligten: Von 1987 bis 2003 wurde bei der Staatsanwaltschaft Frankfurt gegen fast 3 500 Personen ermittelt. Dazu gehören drei sehr umfangreiche Verfahren, die die Stadtverwaltung einschlossen, mit über 100 und bis zu 280 Beschuldigten. Daneben gab es weitere 21 Großverfahren.

Beispiel Hochtaunus – Kommunales Kartell: Nicht weit weg von Frankfurt a. M. bewies der Hochtaunus-Kreis, dass man auch in unbekannteren Orten gut mit Korruption verdienen kann. Ausgangspunkt eines enormen Ermittlungsaufwandes war das Tiefbauamt der Stadt Bad Homburg v. d. H. Anlass war die Versetzung eines ungewöhnlich gewissenhaften Rechnungsprüfers von Frankfurt nach Bad Homburg, dort kam ihm ein Name aus einem Frankfurter Großverfahren bekannt vor. Das Geständnis eines verurteilten Bauunternehmers gab dann Zugang zu einem ganzen korrupten Netzwerk bzw. Kartell. Als nach langen Vorermittlungen die Dienstwagen von Landeskriminalamt und Staatsanwaltschaft zu Haussuchungen im großen Stil anrückten, nahm einer der spektakulärsten Korruptionsskandale seinen Lauf, der in eine Sammelanklage gegen 170 Beschuldigte mündete, darunter 30 Amts- und Mandatsträger, 12 Bürgermeister, außerdem Parteifunktionäre, Stadträte, Verbandsgeschäftsführer und Bauunternehmer im Hochtaunus-Kreis und Nachbarkreisen. Von den 189 Millionen DM Bauaufträgen erhielten fünf schmierende Firmen ca. 60 Prozent der Auftragssumme, d. h. 113 Millionen, die anderen 55 Firmen mussten sich den Rest teilen. Obwohl der Bürgermeister von Homburg 114 000 DM der Nebeneinnahmen nicht versteuerte, seine Villa für 34 000 DM von einem Bauinvestor für die Zuschanzung eines Auftrages sanieren ließ und vieles mehr rechts und links einstrich, zahlte die Stadt 100 000 DM Prozesskosten für den inhaftierten und dann verurteilten Bürgermeister!

Beispiel Schweiz – kommunales Kartell: »Otto G. Loretan hatte als Gemeindepräsident von Leukerbad von 1981 bis 1999 ein regelrechtes Imperium errichtet. Sein Beziehungsnetz bestand aus zahlreichen Personen, die er teilweise von sich abhängig gemacht hatte. Er hatte die Leukerbad-Gruppe, die aus Bau- und anderen Gesellschaften bestand, aufgebaut und mit Günstlingen besetzt. Seine Ambition war es, aus dem verschlafenen Kurort ein bedeutendes Tourismus- und Thermalbadzentrum zu schaffen. Zu diesem Zweck wurde massiv in die Verkehrsinfrastruktur, in Gemeindebauten und Tourismuszentren investiert. [...] So wurde ein großes Parkhaus gebaut, dessen effektive Kosten sich auf 23 Millionen Franken beliefen. Mittels Scheinverträgen, falschen Abrechnungen und mangelnden Kontrollen trieben Loretan und sein Generalunternehmer Bumann die Kosten auf 35 Millionen hoch. Die Differenz floss auf die Konten der beiden. 1998 brach die Gemeinde Leukerbad unter einem Schuldenturm von 346 Millionen zusammen und musste vom Kanton unter Zwangsverwaltung gestellt werden. Im Dezember 2003 wurde Loretan vom Kreisgericht Oberwallis u. a. wegen mehrfachen Betrugs und Urkundenfälschung zu viereinhalb Jahren Zuchthaus [...] verurteilt. Einige Mittäter kamen mit milderen Strafen davon. Dagegen legte der Beschuldigte Berufung ein. Das Walliser Kantonsgericht und schließlich das Bundesgericht bestätigten jedoch das erstinstanzliche Urteil weitgehend.«[19]

Beispiel Deutschland – Kartell in der Treuhandanstalt: Ein Netzwerk von langjährigen Bekannten aus Baden-Württemberg installierte ein ausgeklügeltes Bestechungssystem in der Treuhandanstalt (THA), die die Privatisierung der staatlichen Unternehmen der DDR durchführte. Zum Verkauf stehende Firmen wurden unter Preis an Strohfirmen der Beteiligten verkauft und entweder mit Gewinn weiterverkauft oder aber finanziell ausgeschlachtet und geschlossen. Teilweise wurden auch Schachtelsysteme für Grundstücksverkäufe eingerichtet. Beteiligte Unternehmer wurden zu mehr als fünf Jahren Haft verurteilt. Aber der Hauptbeteiligte, der Abteilungsleiter für Privatisierung der THA und seit 1992 sogar Direktor dort, floh rechtzeitig mit 5,7 Millionen DM in die USA. Die THA verklagte ihn erfolgreich auf 11,7 Millionen DM Schadensersatz, aber das Geld war nicht einzutreiben.

Beispiel Halle – Kartell in der Treuhandanstalt: Zu mehr als fünf Jahren wurde dagegen der »Direktor Privatisierung« der THA Niederlassung in Halle verurteilt, weil er wenigstens 4,7 Millionen DM Schmiergelder für rechtswidrige Unternehmensverkäufe erhielt. Lange hatte niemand gefragt, wo er seinen Mercedes-Benz 600 SEL, Porsche 911 Carrera 4 Coupé und seinen BMW 750 gleichzeitig herhatte (keiner war von ihm selbst bezahlt worden) und wie er seinen protzigen und auffälligen Lebensstil finanzierte.

In diesen und weiteren Fällen rund um die THA ist das Erschreckende, dass die Bestechungssysteme vorab geplant wurden und die Bewerbungen auf Posten der THA überwiegend bereits erfolgten, um das System zu installieren. Die Gesamtsumme der Schmiergeldzahlungen und des Schadens konnte nie ermittelt werden.

Beispiel Kolumbien – Kartell im Gesundheitswesen: Wie weit Korruption zum Kartell werden kann, wenn die Justiz selbst korrupt ist, zeigt das Beispiel Kolumbien. Unter dem Sozialminister Diego Palacio wurden 2003–2010 gewaltige Summen an Steuergeldern und Krankenkassenbeiträgen für fiktive Patienten und Leistungen oder völlig überteuerte Leistungen und Medikamente abgerechnet, wozu ein eigenes kompliziertes Firmengeflecht geschaffen wurde. Apotheker, Ärzte, zur Betreuung eingesetzte Sozialarbeiter, Anwälte, Beamte, Politiker sowie Untersuchungs- und Kontrollbehörden und die Justiz waren neben dem Ministerium an dem Milliardendiebstahl beteiligt. Dass am Ende die Ärmsten der Armen am meisten unter den Folgen zu leiden haben, kann sich jeder selbst ausmalen.

Beispiel Irak – Kartell in der UN: Der »Öl-für-Lebensmittel-Skandal« der UN begann 1996 mit dem Öl-für-Lebensmittel-

Programm des UN-Sicherheitsrates, das Ausnahmen für das Embargo gegen den Irak vorsah. 2004 setzte der UN-Generalsekretär bzw. der UN-Sicherheitsrat eine Untersuchungskommission ein, die zu dem Ergebnis kam, dass korrupte Stellen Milliarden US-Dollar veruntreut hatten. Der Leiter der Einkaufsstelle der UN, Alexander Jakowlew, gestand, mehrere Hunderttausend Dollar an Bestechungsgeldern entgegengenommen zu haben. Ebenso verhaftet wurde der Leiter des Irak-Programms, der Zyprer Benon Sevan.

Kleptokratie von Staatsoberhäuptern

In den Tresoren der Schweizer Banken »liegt etwa ein Drittel des Vermögens der reichsten Familien der Welt: 11 000 Milliarden Dollar, fast viermal so viel wie das Bruttoinlandsprodukt«[20] Deutschlands. Sie sind überwiegend das Ergebnis von Kleptokratie (übersetzt: Diebstahl der Herrscher), indem der mächtigste Mann eines Landes selbst sein Amt missbraucht, um ungeheure Summen beiseitezuschaffen, etwa indem Staatseigentum privatisiert wird. Eigentlich gehören auch solche arabischen Staaten in diese Reihe, in denen Herrscherfamilien keinen Unterschied zwischen dem Staatsbudget und ihrem Privatvermögen machen und etwa gewaltige Öleinnahmen zu erheblichen Teilen privat behalten.

Kleptokratie ist meist eng verbunden mit Klientelismus und Patronage (Versorgung des eigenen Clans, der eigenen Partei, der eigenen Ethnie, der eigenen Machtbasis).

Kleptokratie von Staatspräsidenten – geschätztes Vermögen
(Auswahl von Transparency International 2004)[21]

- Mohamed Suharto, Indonesien 1967–1998: 13–35 Milliarden
- Ferdinand Marcos, Philippinen 1972–1986: 5–10 Milliarden
- Mobutu Sese Seko, Zaïre 1965–1997: 5 Milliarden
- Sani Abacha, Nigeria 1993–1998: 2–5 Milliarden
- Slobodan Milosevic, Serbien 1989–2000: 1 Milliarde
- Jean-Claude Duvalier, Haiti 1971–1986: 300–800 Millionen
- Alberto Fujimori, Peru 1990–2000: 600 Millionen
- Pavlo Lazarenko, (Premier) Ukraine 1996–1997: 200 Millionen
- Arnoldo Alemán, Nicaragua 1997–2002: 100 Millionen
- Joseph Estrada, Philippinen 1998–2001: 80 Millionen

Weitere Staatspräsidenten (eigene Auswahl)

- Adolf Hitler, Deutschland 1933–1945: nach heutigem Wert mindestens 10 Milliarden
- Hosni Mubarak, Ägypten 1981–2011: 10 bis 70 Milliarden
- Wladimir Putin, Russland 2000–2008, seit 2012: 20 bis 40 Milliarden
- Jassir Arafat, Palästinensische Autonomiegebiete 1996–2004: 1 bis 10 Milliarden
- Asif Ali Zardari, Pakistan 2008–2013: 2 Milliarden
- Nestor Kirchner, Argentinien 2003–2007: 1 Milliarde
- Recep Tayyip Erdogan, Türkei seit 2003: 250 Millionen

Beispiel Indonesien-Kleptokratie: Mohamed Suharto, Präsident und Autokrator Indonesiens (1967–1998), raffte 13 bis 35 Milliarden US-Dollar zusammen. Dies geschah vor allem mit einem gewaltigen Firmenwirrwar, das maßgeblich von seinen sechs Kindern kontrolliert wurde (und zum Teil bis heute wird). Gebührenpflichtige Straßen gehörten ebenso dazu wie Fernsehstationen, Hotels, viele Immobilien und die Fluggesellschaft, die die Wallfahrt von Muslimen nach Mekka kontrollierte. Ein Sohn erhielt die erste Mobilfunkkonzession. Finanziert wurde all das überwiegend durch Stiftungen, an die alle Firmen und alle Einwohner mit einem Einkommen über 40 000 US-Dollar pro Jahr regelmäßig zu spenden hatten, wollten sie das Wohlwollen des Präsidenten nicht verlieren. Zudem spielte Golkar, die Partei des Präsidenten, die seine regelmäßige Wiederwahl garantierte, eine zentrale Rolle. Sie finanzierte sich vor allem über den Raubbau der Wälder und über Bankmanipulationen. Die Familie Suharto besaß am Ende 2,6 Millionen Hektar an Grundstücken und etwa 40 Prozent der annektierten Insel Osttimor. Zwar wurde nach 1998 Suhartos Sohn Tommy zu vier Jahren Haft verurteilt und ein Teil des Vermögens der Familie eingezogen, aber der größere Teil verblieb bis heute im Besitz der Familie.

Beispiel Russland – Staatskorruption: Die enorme Korruption in Russland vor allem auf Ebene des Staates und der Staatsunternehmen und Großfirmen geht zum einen auf die Korruption zur Zeit der Sowjetunion zurück, zum anderen auf die Privatisierung der Staatsunternehmen, die Präsident Boris Jelzin einigen Oligarchen in die Hand spielte. Deren Macht hat Putin zwar beschnitten, aber nur, um sie an ebenso korrupte und reiche Behördenleiter weiterzugeben, die ihm hörig sind. Dass dabei auch das organisierte Verbrechen floriert (»Russenmafia«), ist kein Wunder. Transparency International berechnete 2005, dass ein stellvertretender Ministerposten in Russland 8 bis 10 Millionen US-Dollar kostet, 2006, ein Parlamentssitz 2 Millionen US-Dollar. Eine Kommission des russischen Generalstaatsanwaltes schätzt, dass russische Firmen jährlich 33,5 Milliarden US-Dollar Bestechungsgelder zahlen.

Beispiel Russland – Kleptokratie: Der zeitweilige Präsident Russland (2008–2012) zwischen den Amtszeiten Putins, Dmitri Anatoljewitsch Medwedew, hat die Bekämpfung der Korruption zur zentralen Aufgabe seiner Amtszeit gemacht und viele gute Gesetze bewirkt. Der Erfolg ist jedoch gering, da Putin seine Hand über das korrupte System hält. Würde man die Gesetze wirklich anwenden, müssten sicher die Mehrheit der Duma-Abgeordneten und die meisten Gouverneure belangt und abgesetzt werden. Dafür sind jetzt russische zivilgesellschaftliche Organisationen aktiv, die etwa kürzlich interne Dokumente des Staatskonzerns Transneft ins Internet stellten, wonach beim Bau einer Pipeline nach China Milliarden US-Dollar versickert sind.

Beispiel Ukraine und Russland: Was die Situation fast unlösbar macht, ist das korrupte Erbe der Sowjetunion. Auf russischer Seite sind die korrupten Netzwerke recht gut sortiert und vom »Dompteur« Wladimir Putin unter Kontrolle gehalten. Die Ukraine dagegen ist ein klassisches Beispiel für eine hochkorrupte Gesellschaft, in der praktisch alle Parteien verlängerter Arm korrupter Netzwerke und Politiker sind, aber keiner, der sich an der Privatisierung der Industrie bereichert hat, die Oberhand gewinnen konnte. Ob die Fälle, wegen derer die ehemalige Premierministerin Julija Tymoschenko wegen Korruption neun Jahre im Gefängnis saß, nun konstruiert waren oder nicht, unbestritten ist, dass sie sich enorm bereichert hat. Wirklich nicht korrupte, demokratische Kräfte haben derzeit keine Chance in der Ukraine.

Regierungsbeteiligung

Bei allen oben beteiligten Beispielen handelt es sich um autokratisch regierende Präsidenten, die die Macht in ihrem Land in Händen hielten oder halten. Das ist eigentliche Kleptokratie. Wir haben im vorangehenden Kapitel schon Beispiele aus

Deutschland und Österreich gesehen, in denen Bundeskanzler und Minister, also Regierungsmitglieder, an der Korruption beteiligt waren, also Staatslenker, die nicht die höchste Instanz im Staat sind. Fahren wir hier mit Indonesien fort.

Beispiel Indonesien – Regierungsbeteiligung: In Indonesien wird laut Weltbank auch heute noch jährlich für geschätzte 5 Milliarden US-Dollar illegal gefälltes Holz verkauft, viereinhalb Mal so viel wie legal gefälltes Holz. Beteiligt sind bis heute Regierungsmitglieder.

Beispiel Indonesien – Behinderung der Ermittlung: Die nach 2001 geschaffene Antikorruptionsbehörde (KPK) Indonesiens konnte sich sehen lassen und erreichte etwa die Verurteilung von 42 Parlamentsabgeordneten und 8 Ministern. Als aber der sehr erfolgreiche Chef der Antikorruptionsbehörde in einem gewaltigen Korruptionsfall 2009 Ermittlungen gegen den Chef des Rechnungshofes aufnahm, wurde er von dessen Freund, dem Präsidenten Susilo Bambang Yudhoyono, entlassen. Großdemonstrationen und 1,5 Millionen kritische Facebookeinträge waren die Folge.

Beispiel Türkei – Behinderung der Ermittlung: Recep Tayyip Erdogan folgt gegenwärtig in der Türkei demselben Muster, indem er von ihm eingesetzte Spitzenbeamte, die ihm bei den Ermittlungen zu nahe kommen, versetzt, absetzt oder gar anklagt. Denn in der Türkei, die offiziell laizistisch, inoffiziell islamisch, ja sogar teilweise islamistisch ist, verbirgt sich hinter dem hohen nationalen und religiösen Pathos von Ministerpräsident Erdogan eine schamlose Bereicherung der Politikerkaste wie eh und je. Im Februar 2014 versetzte oder entließ Erdogan an einem Tag 166 Staatsanwälte und Richter, unter ihnen auch namhafte Staatsanwälte aus Istanbul, Ankara und Izmir. Von Dezember 2013, als erstmals Korruptionsvorwürfe gegen Gefolgsleute und den Sohn von Erdogan erhoben wurden, bis Mitte 2014 versetzte und entließ Erdogan nach einer Zählung türkischer Medien bereits mehr als 6000 Polizisten und Hunderte von Richtern und Staatsanwälten. Man kann sich ausrechnen, wie gewaltig das Korruptionsnetzwerk sein muss, dass man Ermittlungen dagegen nur verhindern kann, indem man eine solch gewaltige Zahl ermittelnder Staatsbeamter aus dem Verkehr zieht und den jeweiligen Nachfolgern das Ermitteln fast unmöglich macht oder verbietet.

Beispiel Ägypten – Islamismus: De facto leiden viele islamische Länder vor allem unter Korruption und auch der Islamismus hat darauf keine Antwort gefunden, auch wenn er viel Unterstützung aus dem verbalen Kampf gegen Korruption zieht, solange er nicht selbst an der Macht ist. Der ägyptische Präsident Mohammed Mursi wurde unter anderem von der ärmeren Landbevölkerung gewählt, weil die Islamisten sich über Jahrzehnte für die Armen einsetzten und Korruption bekämpften. Kaum im Amt, begann Mursi, Macht und Einkünfte für Islamisten zu sammeln und korrupt zu sein wie seine Vorgänger, und vergaß die Armen. Er wurde zudem eine Bedrohung für die korrupte Armee, die große Teile der Wirtschaft in Ägypten besitzt oder kontrolliert.

Beispiel Islamismus – Terrorfinanzierung: Übrigens finanzieren sich auch Al-Kaida, die Taliban in Afghanistan, die Hamas im Gazastreifen und andere islamistische Bewegungen mit hohem religiös-moralischem Anspruch nicht nur durch Drogenhandel und Menschenhandel, sondern auch durch Korruption, indem sie in großem Stil bestechen, aber auch sich bestechen lassen.

Beispiel Indien – Staatskorruption: Ein letztes Beispiel für die Beteiligung von Regierungsmitgliedern an großer Korruption: Bei der Vergabe der 2G-Standards in Indien im Jahr 2008 wurden die Mobilfunklizenzen nicht wie international üblich versteigert, sondern vom zuständigen Minister kurzerhand persönlich vergeben – dem Staatshaushalt entgingen so Einnahmen in Höhe von Milliarden US-Dollar.

Die Ärmsten der Armen als Opfer

Wenden wir uns von der Kleptokratie der ganz oben Stehenden zu den Menschen, die »ganz unten« leben, den Ärmsten der Armen, und wie sie unter Korruption zusätzlich leiden.

Beispiel Kenia – Aids-Bekämpfung: Die Korruption in Kenias Aids-Kontrollrat hat Armen und Kranken Millionen US-Dollar entzogen. Ein Kontrollbericht der Regierung von 2003, der erzwungen worden war, weil Stiftungen und Staaten keine weitere Hilfe leisten wollten, kam zu dem Ergebnis, dass sich Mitarbeiter horrende Gehälter gönnten, die Leiterin Margaret Gachara etwa das Siebenfache dessen, was ihr im Rahmen der Gehaltshierarchie für Staatsbedienstete zugestanden hätte. Der Verbleib von 48 Millionen US-Dollar aus Großbritannien war nicht zu klären – es gab keinen einzigen Beleg für die Ausgaben. Fast alle untersuchten Empfängerorganisationen waren korrupt, ja Mitglieder des Kontrollrates hatten eigens private NGOs gegründet, die das Geld nur in Empfang nahmen, um es in die Taschen der »Geber« zurückzuführen. Mit Millionen US-Dollar finanzierte Waisenheime mussten »geschlossen« werden, da sie kein einziges betreutes Kind nachweisen konnten. Und dort, wo tatsächlich Aids-Kranke betreut wurden, mussten diese wieder Bestechungsgeld an die Mitarbeiter bezahlen, um überhaupt behandelt zu werden.[22]

Beispiel Indien – Armut: In Indien trifft es besonders stark die Menschen, die unter der Armutsgrenze leben und trotzdem regelmäßig für den Genuss staatlicher Leistungen wie medizinische Versorgung oder Schulbildung jeweils extra den Arzt, das Krankenhaus oder den Schuldirektor bezahlen müssen. Nach einer Schätzung für 2009 bezahlten Inder, die unter der Armutsgrenze leben (damals 1 US-Dollar am Tag), im Jahr 9 Milliarden Indische Rupien, um in den Genuss eigentlich freier staatlicher Dienstleistungen wie medizinische Versorgung und Schulbildung zu gelangen, das entspricht grob 100 Millionen Euro! Die sehr schlecht bezahlten Lkw-Fahrer zahlen pro Jahr durchschnittlich 1 000 Euro aus eigener Tasche an den Grenzen zwischen den Bundesstaaten, um schneller durchgelassen zu werden. Überhaupt polieren Verkehrs- und Kriminalpolizei oft ihr Einkommen auf Kosten der Armen auf.

Sind Frauen weniger korrupt, so wie sie etwa weniger gewalttätig als Männer sind?[23] Vieles spricht dafür, auch wenn die wenigen Untersuchungen sich teilweise widersprechen, weil unklar ist, ob dies nicht nur die Folge ist, dass in der Regel viel mehr Männer Machtpositionen – und meist höhere – innehaben als Frauen. Es sieht aber so aus, als seien Frauen weniger korrupt, wenn sie genau dieselbe Machtposition innehaben.

Frauen sind in korrupten Gesellschaften aber viel häufiger die Opfer der Korruption. Dies gilt erst recht im Falle der Armut. Sind Frauen im globalen Durchschnitt sowieso stärker von Armut betroffen,[24] treffen sie auch die Folgen für arme Menschen von Korruption stärker und müssen sie auch häufiger als Arme Bestechungsgelder zahlen, etwa für Schulbildung oder medizinische Versorgung.

Menschenhandel

Zum Menschenhandel gehört auch die Korrumpierung von Behörden und Polizei. Nun müsste man ausführlich darauf eingehen, dass in vielen Ländern des globalen Südens die Menschenhändlernetzwerke auf eine weit verbreitete Korruption zurückgreifen können. Auch für Osteuropa ist bekannt, dass die Polizei teilweise so korrupt, ja bisweilen selbst in den Menschenhandel direkt verstrickt ist, dass Opfer prinzipiell nicht bereit sind, mit der Polizei zu sprechen. In Indien ist es ziemlich einfach, für Menschenhandelsopfer gefälschte Pässe und Visa als Bürger eines anderen Landes zu erhalten und die Opfer mit diesen um die Welt reisen zu lassen.

Die Botschaften Deutschlands, Österreichs und der Schweiz seien hier als Beispiel angeführt. Es kann sich dann jeder selbst ausrechnen, wie es erst in Ländern ohne funktionierenden Rechtsstaat oder mit unterbezahlten Beamten, Polizisten oder Richtern aussieht.

Beispiel Deutschland – Visaverkauf: Ein Ende 2004 eingesetzter Untersuchungsausschuss des Deutschen Bundestages sollte die zehntausendfache Erschleichung von Visa zwischen 1999 und 2002 in Osteuropa aufklären. Auslöser war vor allem, dass das Landgericht Köln einen Angeklagten wegen »bandenmäßiger Menschenschleusung« zu fünf Jahren Gefängnis verurteilte und dabei urteilte, dass das deutsche Außenministerium den Straftaten durch »schweres Fehlverhalten Vorschub geleistet« habe. Vor allem in Kiew (Ukraine) und Priština (Kosovo) nutzten kriminelle Netzwerke die lockere Visa-Ausgabe und die Bestechlichkeit von Mitarbeitern. Innerhalb der Botschaft sollen etwa korrupte Kräfte den Visa-Computer des Auswärtigen Amtes ausgetrickst haben: Auch wenn jemand auf einer Warnliste stand, bekam er in Priština ein Visum ausgestellt. Wirklich aufgeklärt wurde die ganze Sache nie, weil es vor allem um Parteipolitik und die Verantwortlichen in Berlin ging, nicht um die nötige Aufdeckung von Menschenhändlernetzwerken.[25] Nach Recherchen des Spiegels[26] wurden 2010 in deutschen Botschaften in Afrika, Südamerika und Osteuropa Visa systematisch gegen Bestechungsgelder ausgestellt. Dem Bericht zufolge werden sogenannte Ortskräfte beschuldigt, das heißt Mitarbeiter in den Konsularabteilungen aus dem jeweiligen Land, in den vergangenen zwei Jahren systematisch Visa für die Einreise nach Deutschland erteilt zu haben, die offenkundig auf falschen Angaben basierten.

Beispiel Österreich – Visaverkauf: Österreich erlebte 2008 seinen eigenen Großprozess gegen Botschaftsmitarbeiter einschließlich eines Generalkonsuls, die in Belgrad und Budapest Visa an Menschenhändler verkauften. Die Mitarbeiter, die das 2001 und 2002 gemeldet hatten, wurden erst beschwichtigt (»der Minister hat sich persönlich vor Ort versichert, dass alles in Ordnung ist«), dann selbst Ziel von Ermittlungen. Die Generalkonsulin, die dem Konsul folgte und alles aufdecken wollte, wurde kurzerhand nach Polen versetzt. Der kriminelle Konsul machte dafür an der nächsten Botschaft ungestört weiter – in Belgrad wurden mit 8 000 Visa zehnmal so viele Visa pro Jahr ausgegeben wie sonst, davon wohl mehr als 7 000 an kriminelle Netzwerke. Als es dann Jahre später doch zum Prozess kam, war der Konsul schon tot, nur sein Vize wurde zu 3,5 Jahren Haft verurteilt. Der Richter gab jedoch vor allem dem Außenministerium die Schuld, das trotz offensichtlichster Anzeichen nicht einschritt. Bereits 2006 war der österreichische Konsul in Nigeria für 700 irreguläre Visa zu zwei Jahren verurteilt worden.

Beispiel Schweiz – Visaverkauf: Das Außenministerium der Schweiz deckte 2006 Dreiecksgeschäfte zwischen ihrer Botschaft in Pakistan, Reisebüros und einem Menschenhändlerring auf.

5. Korruption in Politik, Wirtschaft und Gesellschaft

Korruptionsanfällige Bereiche

In welchen Bereichen von Gesellschaft und Wirtschaft findet sich Korruption vor allem? Nach seinem Bundeslagebericht gibt das deutsche Bundeskriminalamt (BKA) die Verteilung der erfassten Korruptionsfälle wie folgt an: 48 Prozent öffentliche Verwaltung, 46 Prozent Privatwirtschaft, fünf Prozent Strafverfolgungs- und Justizbehörden und ein Prozent Politik. Dabei sind allerdings nur die Fallzahlen zugrunde gelegt worden, nicht wie umfangreich die Korruption war. Die Bestechung eines Verkehrspolizisten zählt also gewissermaßen gleich viel wie ein internationaler Korruptionsskandal.

Bereiche der Gesellschaft mit Korruption

- Recht (Ermittler, Staatsanwalt, Richter)
- Öffentliche Verwaltung
- Politik
- Zoll, Steuer, Gebühren
- Polizei
- Militär
- Gefängnis
- Internationale Organisationen
- Multinationale Konzerne
- Wirtschaft

Bereiche der Wirtschaft in Deutschland, Österreich und der Schweiz mit erhöhter Korruption

- Bauwirtschaft
- Gebäudeverwaltung
- Speditionswesen
- Pharmaindustrie, Medizinische Geräte
- Rüstungsindustrie
- Abfallwirtschaft
- Immobilienwirtschaft
- Werbebranche
- Bewachungsunternehmen

Parteien, Wahlkampf, Abgeordnete

Für Laurence Cockcroft sind die Haupttreiber der globalen Korruption: 1. Partei- und Wahlfinanzierung, 2. zu geringe Gehälter staatlicher Vertreter, 3. das organisierte Verbrechen und 4. multinationale Unternehmen »auf Einkaufstour« in Ländern mit hoher Korruption.[27] Die meisten Forscher besetzen den Platz 1 ähnlich. Sind die Parteienfinanzierung und die Wahlkampffinanzierung nicht streng kontrolliert und transparent, ist die Korruption praktisch schon im politischen System verankert.

In den USA ist die Finanzierung der Wahlkämpfe von Präsidenten, Gouverneuren, Abgeordneten aller Art, Richtern, Staatsanwälten und Polizeichefs eine endlose Quelle von Problemen mit Korruption. Auch wenn im Laufe der Jahrzehnte immer schärfere Richtlinien aufgestellt wurden, machen die explodierenden Wahlkampfkosten die meisten Fortschritte wieder zunichte.[28] Treten gewählte Personen ihr Amt bereits mit Loyalitätskonflikten an, sind sie oft für eine konsequente Korruptionsbekämpfung verloren.

Deutschland hat sich des Problems teilweise durch die weltweit einmalige hohe staatliche Teilfinanzierung der Parteien, früher Wahlkampfkostenerstattung genannt, entledigt. Auch wenn hier die Parteien über die Parlamente gewissermaßen selbst beschließen, wie viel sie bekommen, hat dies doch die Abhängigkeit von Großspendern stark verringert. Zudem steht ein starkes Werkzeug gegen illegale Parteispenden zur Verfügung, indem ein Mehrfaches der illegalen Summe kurzerhand einbehalten oder zurückgefordert wird, und zwar auch dann, wenn lokale oder regionale Parteiebenen illegal handeln. Damit soll nicht gesagt werden, dass es nicht viel Nachholbedarf gäbe, denn der Deutsche Bundestag ist sehr zögerlich in der Verschärfung der Offenlegungspflichten seiner Abgeordneten und in anderen Bereichen.

Österreich geht einen ähnlichen Weg wie Deutschland, gewährt also Wahlkampfkostenrückerstattung. Die Summen liegen allerdings bei Weitem nicht so hoch wie in Deutschland, Korruption unter Beteiligung von Parteien, Abgeordneten und Regierungsmitgliedern ist verbreiteter.

Die Schweiz, sonst oft Musterknabe in Sachen Korruption, geht hier den genau entgegengesetzten Weg. Die Parteienfinanzierung kennt praktisch keine Transparenzpflicht und ist nicht strafbewehrt. Dem Einfluss etwa von Großbanken auf Parteien auf Bundesebene ist ebenso kaum eine Grenze gesetzt wie der Vetterliwirtschaft auf lokaler Ebene. Zudem steht die Bundespartei nicht wie in Deutschland und Österreich rechtlich für Vergehen untergeordneter Parteiorganisationen gerade, denn die Basisdemokratie der Schweiz lässt auch die Parteiorganisationen weitgehend unabhängig sein.

Anfang 2014 verabschiedete der Deutsche Bundestag nach Jahren der Untätigkeit eine Verschärfung der Regeln der Bestechung von Bundestags- und Landtagsabgeordneten, nach der nun Korrumpierte und Korrumpierende mit bis zu fünf Jahren Haft bestraft werden können. Es ist eben ein Problem, wenn Abgeordnete und Parteien ausschließlich selbst über ihre Sonderrechte entscheiden.

Bundes-, Landes- und Kommunalpolitiker werden mit Spitzenpositionen bei staatseigenen Betrieben untergebracht, wie Staatsbetriebe, Lotto, kommunale Betriebe – und das völlig legal. In den meisten Kommunen finden sich neben qualifizierten und erfahrenen Fachleuten ihrer jeweiligen Branche fachfremde Parteigranden, die am Ende anderer Karrieren mit einträglichen Ämtern belohnt (»versorgt«) werden, für die sie eigentlich nicht geeignet sind.

Hauptforderung für eine bessere Bekämpfung von Korruption in Regierung und Parlament

- Parteifinanzierung eng regeln, Transparenzpflicht, strafbewehrt
- Pflichtregister für Lobbyisten
- Bestechung von Abgeordneten regeln
- Schutz von Whistleblowern (Hinweisgebern) – auch in der Politik

Transparency International hat eine eigene Untersuchung vorgelegt, wie es in Europa um die Bestechung von Parteien, Abgeordneten und Politikern steht.[29] Demnach gibt es eine große Variationsbreite in Europa, aber kein Land hat alle Aspekte zugleich zufriedenstellend geregelt und umgesetzt. Griechenland, Italien und Portugal haben große Defizite in der Berichterstattung und eine hohe Korruption im politischen Bereich. In einigen Ländern wie der Tschechischen Republik, Ungarn, der Slowakei (weniger wegen fehlender Gesetze, sondern wegen fehlender Umsetzung), Bulgarien und Rumänien (schon auf Gesetzesebene und auf Umsetzungsebene) verläuft die Entwicklung sogar zum Negativen.

Die Pflege korrupter Beamter

Korrupte Beziehungen sind oft sehr labil, vor allem wenn Staatsbedienstete mehr und immer mehr wollen. Solche Bestochenen müssen deswegen in der Regel gut gepflegt werden, brauchen also neben den großen Geschenken meist auch viele kleine Aufmerksamkeiten oder wollen »in die große Welt« eingeführt werden.

Korrupten Beamten und Beamtinnen fehlt oft die Anerkennung, zumal die Korruption ja geheim gehalten werden muss. Das Sich-für-wichtig-Halten wird durch Teilnahme an Netzwerken und Veranstaltungen mit wichtigen Leuten gefördert. Deswegen lassen sie sich auch so oft durch Urlaub, Feiern, Sportveranstaltungen und Treffen mit »wichtigen« Leuten bestechen.

Es sind wohl vornehmlich Beamte und Beamtinnen, Politiker und Politikerinnen, die keine weitere Karriere mehr vor sich haben und für die Macht, Einfluss und Reputation keine »Währung« mehr ist, die versuchen, dann stattdessen etwas in bar oder Sachwerten mitzunehmen. Ursache kann auch etwas ganz anderes sein. So dürfte der Auslöser für Christian Wulffs recht lockeren Umgang mit Geschenken von Freunden in der Wirtschaft auch etwas mit den Erwartungen einer Geliebten und dann zweiten Frau zu tun gehabt haben.

Justiz

Besonders verheerend ist die Korruption in der Justiz, zumal diese dann wiederum die Korruptionsbekämpfung und -verfolgung durch die Justiz praktisch unmöglich macht. Im Alten und Neuen Testament steht die Bestechung der Richter exemplarisch für Korruption überhaupt. Sind die Richter korrupt, ist auch der sonstigen Korruption schwer zu wehren (siehe Teil III, Kapitel »Korruption – Die Sicht der Bibel«).

Insbesondere politische Korruption kann man nur eindämmen, wenn die Justiz nicht Teil der korrupten Netzwerke ist, sondern sowohl in der Lage als auch willens ist, unabhängig zu entscheiden.

In den USA führen die Wahl der Richter und Staatsanwälte durch die Bürger und der teure Wahlkampf dazu, dass Lobbygruppen mit hohen Spenden dafür sorgen, dass die Gewählten ihnen im Falle eines Prozesses etwas schulden. In Deutschland geht die Gefahr vor allem bei höheren Richterämtern und Staatsanwaltschaften davon aus, dass letztlich die Parteien unter sich ausmachen, wer die Ämter erhält – wenn auch gebremst durch notwendige akademische und fachliche Voraussetzungen.

Gefängniswärter übersehen dank Bezahlung Schmuggellieferungen. In Gefängnissen scheint alles zu beschaffen zu sein, ob zulässig oder nicht: Handys, Pornos, Alkohol, Drogen, ja sogar Waffen. Und heraus geht auch vieles, was nie herausgehen sollte, bis hin zu übermittelten Mordbefehlen. Auch wenn dabei gelegentlich Anwälte, Verwandte und Besucher als Schmuggler die Hand im Spiel haben können, geschieht es doch in der Regel mit Wissen, Duldung oder gar Beteiligung von Amtsinhabern rund um Justizvollzugsanstalten, von Wärtern über Anstaltsärzte bis sogar hin zu Gefängnisseelsorgern.

Korruption im Justizwesen

- Ernennung von Richtern und Staatsanwälten
- Beeinflussung der Gesetzgebung
- Zuordnung von Richtern und Staatsanwälten zu konkreten Fällen
- Bestechung von Richtern, Staatsanwälten, Mitarbeitern, Gutachtern, Zeugen
- Bestechung aller Art in Vollzugsanstalten

Wie bekämpft man Korruption im Justizwesen?[30]

- Gute juristische Ausbildung
- Unabhängige Richterwahl und -ernennungsgremien
- Unabhängige und starke Berufsvereinigungen mit Ethikregeln
- Beförderung nach Ausbildung, Befähigung und Leistung, nicht nach Beziehungen
- Gute Gehälter und Rente
- Objektive Regelungen, welcher Richter welchen Fall zugewiesen bekommt
- Gegenseitige Kontrolle der Richter, Möglichkeit, korrupte Richter zu entfernen
- Aber auch: Unabhängigkeit und Schutz vor Repressalien
- Transparenz der richterlichen Entscheidungen
- Schutz von Whistleblowern

Sport

Es gibt ideelle Bereiche der Gesellschaft wie Sport, Kulturschaffen, Religion (besonders Kirchen) oder Wissenschaft, wo man sich verbreitete Korruption wegen der hehren Ziele (Wissenschaft: »die objektive Wahrheit«, Kunst: »an Schönem erfreuen«) nur schwer vorstellen kann, wo dann aber an den Schnittstellen mit Gewinn, Wirtschaft, Politik und Medien doch die Korruption blüht, denn »Korruption [ist] als Bestandteil des Profisports sowie des Unterhaltungs- und des Kulturbetriebs«[31] anzusehen. Wir wollen uns den Bereich des Sports stellvertretend herausgreifen.[32]

Beispiel Sport – Großveranstaltungen: Die Austragungsorte der Olympischen Spiele, Fußballweltmeisterschaften und Formel-1-Rennen werden fast immer mehr oder weniger geschoben, IOC-Funktionäre werden auf wundersame Weise reich, selbst wenn sie gar kein Gehalt bekommen.

Beispiele Sport – Schiedsrichter: Schiedsrichter wurden in Deutschland von Wettspielern schon oft zu Bordellbesuchen eingeladen, 30 Schiedsrichter ließen sich in Tschechien 2008 bis 2011 für 1 000 bis 6 000 Euro von 14 der 16 Erstligavereinen bestechen, um Tabellenplätze zu beeinflussen und Wetteinnahmen zu maximieren.

Beispiel Schweiz – Fußball: »Aufmerksamkeit erlangte im Februar 2013 die Manipulation von europaweit über 380 Fußballspielen zwischen 2008 und 2011 – darunter Champions-League-Partien, WM- und EM-Qualifikationsspiele sowie insgesamt 41 Partien in der Schweiz. Die Ermittlungen in der Schweiz führten zu Spielsperren gegen neun Spieler. Das Bundesstrafgericht sprach die Angeklagten im November 2012 jedoch überraschend vom Betrugsvorwurf frei.«[33]

Beispiele Asien/Brasilien – Sport: Um den Sieg eines thailändischen Boxers bei den Olympischen Spielen in Athen 2004 sicherzustellen, wurden 40 000 US-Dollar bezahlt. Der chinesische FIFA-Schiedsrichter J. Gong wurde zu zehn Jahren Haft verurteilt, weil er 50 000 Euro von Buchmachern erhielt. Bei den Ermittlungen wurde immer wieder der Vorwurf laut, dass in China Spiele ohne Schiebung praktisch unbekannt seien. Mehrere FIFA-Schiedsrichter aus Brasilien wurden lebenslang gesperrt, sie manipulierten ein Spiel für 3 700 bis 5 550 Euro.

Beispiel Deutschland – Sportvermarktung: Die Firma Techem zahlte 1997 bis 2005 über 100 000 Euro an einen Medienberater, der zugleich MDR-Sportchef war, damit der unbekannte Techem-Hallenfußballcup im MDR übertragen wurde. 2003 bis 2005 stellte der Chef der Stiftung Deutsche Sporthilfe, der früher Vorstandsvorsitzender von Techem war, den MDR-Sportchef für 45 000 Euro jährlich als »Medienbotschafter« an.

Beispiel Deutschland – Sportvermarktung: Bis 2004 verlangte der Sportchef des Hessischen Rundfunks von Verbänden, deren Wettkämpfe übertragen wurden, 20 000 bis 30 000 Euro, die an eine Vermarktungsfirma seiner Frau bzw. eine Firma, bei der seine Frau stille Teilhaberin war, zu zahlen war.

Beispiel Schweiz – Sportvermarktung: »Wirklich gewaltige Dimensionen hatte der ISL-Skandal. Die ISL (International Sport and Leisure) war 1982 vom damaligen deutschen Adidas-Besitzer Horst Dassler als Sportrechte-Vermarktungsfirma in der Schweiz gegründet worden und ist im Jahr 2001 in Konkurs gegangen. Von 1989 bis 2001 bezahlte sie erwiesenermaßen 138 Millionen Franken an hohe Sportfunktionäre, um an Übertragungsrechte für Großereignisse wie Weltmeisterschaften und Olympiaden zu kommen. 2008 wurden drei ISL-Manager zu Geldstrafen verurteilt. Auch hohe FIFA-Funktionäre sollen von der ISL bestochen worden sein. Ein Gericht in Zug, dem ehemaligen Sitz der ISL, entschied jedoch im Juni 2010, dass die Sache mit einer Wiedergutmachungszahlung der FIFA von 5,5 Millionen Franken erledigt sei. Die Namen der betroffenen Funktionäre wurden geheim gehalten. 2011 hat die FIFA an ihre 35 höchsten Funktionäre insgesamt 29,5 Millionen Dollar ›Bonigelder‹ ausbezahlt. Im selben Jahr entrichtete sie in der Schweiz 4,8 Millionen Franken an Steuern.«[34]

Wissenschaft, Medien

An dieser Stelle könnten nun Beispiele zum Bereich Wissenschaft folgen. Wissenschaftler aller Fachrichtungen lassen sich kaufen, um das für Politiker, Parteien, Konzerne, NGOs, Medien oder Lobbygruppen jeweils erwünschte Ergebnis scheinbar neutral, wissenschaftlich belegt, zu untermauern. Medienunternehmen, die Pornografie herstellen, geben seit Jahrzehnten Studien in Auftrag, die merkwürdigerweise immer die Harmlosigkeit der Pornografie belegen, während unabhängige Untersuchungen zu viel differenzierteren Urteilen kommen. Gewerkschaften lassen gerne Wirtschaftsinstitute vorrechnen, dass ihre Forderungen allen nützen, ihre Gegenüber lassen sich auch nicht lumpen. Große Stiftungen wie die Bertelsmann Stiftung sind bekannt dafür, dass ihre Studien praktisch immer im Einklang mit ihren politischen Forderungen stehen.

Beispiel Journalismus – Autohersteller: Fast alle Autohersteller geben Journalisten Sonderrabatte und haben große Budgets für Journalistenreisen. VW soll beispielsweise über 150 Journalisten regelmäßig bezahlt haben, ohne dass diese das angegeben haben, Mazda Europa soll angeblich zweitweise ein Jahresbudget von 10 bis 16 Millionen für Unterhaltungsreisen von Journalisten nach Wien gehabt haben.

Beispiel Journalismus – ThyssenKrupp: Gut recherchiert ist ein Fall, in dem der Stahlkonzern ThyssenKrupp 2011, als er in den Medien mit zahlreichen negativen Berichten unter Druck kam, viele Journalisten großer deutscher Zeitungen First Class nach Südafrika flog und ihnen einen Luxusaufenthalt mit Hubschrauberflug und Safari finanzierte. Die für die Berichterstattung eigentlich sinnlose Reise lohnte sich. Vier Journalisten schrieben große, positive Berichte, die den Wind in den Medien drehten. Alle vier verschwiegen, wie es der Kodex des Deutschen Presserates vorschreibt, zu erwähnen, dass ThyssenKrupp ihre Reise bezahlt hatte.

Im Globalen Korruptionsbarometer 2013 (siehe Teil II, Kapitel »Das Globale Korruptionsbarometer [GCB]«) wurden von den in Deutschland Befragten etwa erstmals die Medien als korrupter wahrgenommen als die öffentliche Verwaltung oder das Parlament.

Kirchen

Es gibt keinen Grund anzunehmen, dass Kirchen in irgendeiner Weise automatisch gegen Korruption gefeit wären oder sie dort wegen des moralischen Anspruchs seltener vorkäme. Religiöse Macht ist so verlockend wie politische oder wirtschaftliche Macht. Wo große Summen bewegt und kontrolliert werden, ist die Verlockung zur Korruption groß, ob da nun Kirche bzw. Gott draufsteht oder nicht. Kirchen und ihre Mitarbeiter können bestechen, können sich bestechen lassen und können Gelder zum privaten Nutzen veruntreuen. In Deutschland und Österreich gehören die Kirchen zu den größten Arbeitgebern und zu den größten Großgrundbesitzern und bewegen dank Kirchensteuern Milliarden. Da sollte Korruption ein Fremdwort sein, wenn man sich nicht intensiv damit auseinandersetzt und davor schützt?

Als Paulus auf seinen Reisen Spenden für die leidende Gemeinde in Jerusalem sammelte, war er mit dem Geld nie allein unterwegs, es waren immer Vertreter der Gemeinden dabei. Paulus jammerte nicht, man wolle doch wohl ihm, dem Apostel, nicht unlautere Absichten unterstellen, sondern organisierte selbst die Kontrolle. Wenige wissen, dass das mit ein Grund ist, warum bare Kollekten immer wenigstens zu zweit gezählt werden. Die Regel dazu lautet: Wehre den Anfängen und rechne immer mit Veruntreuung, sogar durch dich selbst; baue vor, ja schütze dich selbst vor dir selbst.

Beispiel Indien – Kirchen: In Indien treten immer wieder einmal Bischöfe zurück, weil sie die Mitglieder des Wahlgremiums gekauft haben. Ein berühmter Fall ist der Bischof und Moderator der Kirche Südindiens S. Vasanthakumar, der 2010 gewählt wurde und zurücktrat, nachdem herauskam, dass er neun Bischöfe für die Wahl bestochen und große Summen der Kirchenkasse veruntreut hatte.

Beispiel Kenia/Korea – Kirchen: Das vor allem im evangelikalen und pfingstkirchlichen Bereich verbreitete sogenannte Wohlstandsevangelium (»prosperity gospel«) bedeutet im globalen Süden oft, dass bitterarme Menschen schwerreiche Pastoren unterstützen, etwa wenn in Gemeinden in Kenia das Händeschütteln mit dem Pastor 70 US-Dollar kostet. Es wird zwar gepredigt, dass Christsein reich macht, reich werden aber meist nur die Prediger selbst. Eine ganze Reihe solcher Prediger ist in aller Welt von staatlichen Gerichten wegen Korruption und Veruntreuung von Geldern verurteilt worden. Erst kürzlich wurde der Pastor der größten Kirche der Welt, Paul Yonggi Cho aus Seoul, wegen Korruption und Veruntreuung zu einer Bewährungsstrafe verurteilt, sein Sohn muss für drei Jahre ins Gefängnis.

Andererseits ist es erfreulich, dass sich Kirchen und Christen weltweit nicht nur Antikorruptionsmaßnahmen für sich selbst anschließen, sondern auch aktiv in den weltweiten Kampf gegen Korruption einschalten, vor allem wo die Ärmsten der Armen darunter leiden.

Micha-Initiative (Deutschland)/ StopArmut2015 (Schweiz) – Beispiel einer christlichen Initiative gegen Korruption

»Die Micha-Initiative Deutschland beteiligt sich an der globalen Kampagne ›EXPOSED – Korruption ans Licht bringen‹. Gemeinsam mit Christinnen und Christen aus über 100 Ländern setzt sie sich dafür ein, dass Korruption und Steuerflucht bekämpft werden, indem Transparenz erhöht wird. Pro Jahr gehen allein durch Korruption schätzungsweise eine Billion US-Dollar – 1 000 000 000 000! – verloren. Die nachhaltige Bekämpfung von Armut – und mittelfristig dabei die Umsetzung der UN-Millenniumsziele – wird dadurch in gewaltigem Maße behindert. Aber auch Steuerflucht ist ein großes Hindernis bei der Armutsbekämpfung. Durch geringere Steuereinnahmen haben gerade Entwicklungsländer Schwierigkeiten, funktionierende Bildungs-, Gesundheits- oder Sozialsysteme aufzubauen.«[35]

Gesundheitswesen

Neben dem Sport sei noch die Korruption im Gesundheitswesen erwähnt, aber nicht mit Beispielen, sondern nur in einem kurzen Überblick. Korruption in diesem Bereich führt etwa zu überhöhten Preisen, im globalen Süden damit oft zur Unerreichbarkeit von Medikamenten, wie überhaupt die Korruption im Gesundheitswesen im globalen Maßstab vor allem die Ärmsten der Armen trifft. Es etablieren sich Therapieformen oder Medikamente, die keine Verbesserung, aber bessere Gewinne versprechen und die wieder im globalen Süden Hilfe verteuern können. Korruption befördert leicht eine Zwei-Klassen-Medizin, weil man etwa schneller an einen Termin oder ein Organ zur Transplantation kommt.

Die niedrigsten Schätzungen gehen davon aus, dass jedes Jahr in Europa mindestens 30 Milliarden Euro, also drei Prozent der Gesamtausgaben für die Gesundheitsversorgung, durch Betrug und Korruption verloren gehen. Eine Studie des Europäischen Netzwerks gegen Betrug und Korruption im Gesundheitswesen (EHFCN) kommt jedoch 2010 auf etwa rund 56 Milliarden Euro, die den europäischen Gesundheitssystemen jährlich durch Betrug und Korruption verloren gehen, was sechs Prozent der Gesamtausgaben für die Gesundheitsversorgung sind.

In den letzten Jahrzehnten gab es ein gewaltiges Wachstum der pharmazeutischen Industrie weltweit. Aber in den 1960er- und 1970er-Jahren fand ein Austausch von Wissenschaftlern als CEOs durch Wirtschaftler und Marketingvertreter statt, was einen Verlust an Kompetenz für Innovation durch Forschung zur Folge hatte. Heutzutage macht die Forschung zehn Prozent der Kosten aus, Marketing 40 Prozent, sodass es immer weniger darum geht, alternativlose oder bessere Medikamente anzubieten, als vielmehr darum, lediglich den *Eindruck* zu erwecken, man tue genau dies, obwohl man es nicht tut,[36] was korrupten Methoden der Werbung und Förderung Vorschub leistet.

**Ausgewählte Korruptionsarten
im Gesundheitswesen**

- Manipulation von klinischen Studien
- Desinformation durch von bezahlten Wissenschaftlern erstellte Gutachten und Vorträge (Fachjargon: »Mietmäuler«)
- Gewinnung von Journalisten zur bevorzugten Berichterstattung über Produkte
- Finanzielle Besserstellung von Ärzten, wenn sie bestimmte Produkte verschreiben (zum Beispiel durch Bezahlung für Teilnahme an Pseudostudien)

Korruptionswahrnehmungsindex (CPI)

Bevor wir uns mit vorhandenen Rankings zur Korruption beschäftigen, muss klargestellt werden, dass Korruption selbst nicht zu messen ist. Folgt man nur den Erkenntnissen von Polizei und Ermittlungsbehörden, hängt alles an der Frage, wie gut ermittelt und verurteilt wird und wie groß das Dunkelfeld der Korruption ist. Da Korruption per Definition geheim gehalten wird und ein ausgesprochenes Kontrolldelikt ist, das nur bei strengen Kontrollen auffällt, ist selbst eine Schätzung von Häufigkeit und Umfang praktisch unmöglich. Daher kann man sich nur von verschiedenen Richtungen her dem Thema nähern.

Der Korruptionswahrnehmungsindex (Corruption Perceptions Index, CPI) ist seit 1995 der älteste und bekannteste der globalen Korruptionsrankings von Transparency International. Er geht auf den deutschen Wirtschaftsprofessor Johann Graf Lambsdorff zurück. Lange Zeit war er der einzige globale Index und wurde kritisiert, weil er nur die *Einschätzung* von wenigen wichtigen Leuten wiedergibt.[37] Inzwischen hat Transparency International den CPI um drei weitere ganz anders gelagerte

Indizes erweitert, die wir unten besprechen. 0 Punkte bedeutet völlig korrupt, 100 Punkte korruptionsfrei. 177 Länder wurden für 2013 erfasst, nur wenige liegen an der Spitze, zwei Drittel der Länder haben weniger als 50 Punkte. Deutschland findet sich seit Längerem auf dem 12. bis 15. Platz. Auf den Plätzen 1 bis 3 liegen 2008 bis 2013 fast immer Dänemark, Neuseeland, Finnland, gefolgt von Singapur und Schweden, die davor auch mal auf den ersten drei Plätzen lagen. Den letzten Rang belegen seit 2008 fast immer Somalia, Nordkorea und Afghanistan.

Transparency International Deutschland schreibt dazu auf seiner Webseite: »Der Index setzt sich aus verschiedenen Expertenbefragungen zusammen und misst die bei Politikern und Beamten wahrgenommene Korruption.« »Es ist ein zusammengesetzter Index, der sich auf verschiedene Umfragen und Untersuchungen stützt, die von neun unabhängigen Institutionen durchgeführt wurden. Es wurden Geschäftsleute sowie Länderanalysten befragt und Umfragen mit Staatsbürgern im In- und Ausland miteinbezogen.« »Deutschland erreicht auf einer Skala von 0 (hohes Maß an wahrgenommener Korruption) bis 100 (keine wahrgenommene Korruption) 78 Punkte. Die Bundesrepublik rangiert damit auf dem 12. Platz. Im europäischen Vergleich belegen Dänemark (91 Punkte), Finnland (89) und Schweden (89) die vordersten Plätze. International reiht sich außerdem Neuseeland (91 Punkte) in die Gruppe der Spitzenreiter ein.«

Der Korruptionswahrnehmungsindex (CPI) 2013 (Auswahl)[38]

Rang	Land	Bewertung
1	Dänemark	91
1	Neuseeland	91
3	Finnland	89
3	Schweden	89
5	Norwegen	86
5	Singapur	86
7	Schweiz	85
8	Niederlande	83
9	Australien	81
9	Kanada	81
11	Luxemburg	80
12	Deutschland	78
14	Großbritannien	76
19	USA	73
22	Frankreich	71
26	Österreich	69
38	Polen	60
47	Ungarn	54
53	Türkei	50
69	Italien	43
69	Rumänien	43
72	Brasilien	42
80	China	40
80	Griechenland	40
94	Indien	36
94	Kolumbien	36
114	Ägypten	32
114	Indonesien	32
127	Russland	28
136	Kenia	27
144	Ukraine	25
175	Afghanistan	8
175	Somalia	8

(Zur Bewertung: 0 Punkte bedeutet völlig korrupt, 100 Punkte korruptionsfrei.)

Wohlgemerkt, dieser Index misst nicht die Korruption, sondern wie die Korruption im öffentlichen Bereich (nicht im Bereich der privaten Wirtschaft) von den Regierenden, Verwaltenden und von den in der Wirtschaft Verantwortung Tragenden eines Landes wahrgenommen wird.

Deutschland, Österreich und die Schweiz im Korruptionswahrnehmungsindex (CPI) 2008–2013

(Platz 1 = bester Platz)

	Schweiz	Deutschland	Österreich
2008	5	14	12
2009	5	14	16
2010	8	15	15
2011	8	14	16
2012	6	13	25
2013	6	12	26

Der Bestechungszahlerindex (BPI)

Kommen wir zu einigen jüngeren Rankings von Transparency International. Der Bestechungszahlerindex (Bribe Payers Index, BPI), zuletzt 2011, misst die Bereitschaft zur Bestechung der Privatwirtschaft im Ausland. Der BPI, so TI auf seiner Webseite, »listet die [28] führenden Exportstaaten hinsichtlich der Neigung ihrer Unternehmen auf, bei Geschäften im Ausland zu bestechen. Die im BPI dargestellten Länder werden nach dem Durchschnittswert aufgelistet, der sich aus den Antworten der Befragten auf folgende Untersuchungsfrage ergibt: ›Wie oft zahlen Unternehmen, deren Hauptsitz sich in (Name des Landes) befindet, Bestechungsgelder in diesem Land?‹ Die Beantwortung erfolgte anhand einer fünfstufigen Punkteskala, wobei 1 für ›nie‹ und 5 für ›immer‹ steht.«

Auf den Spitzenplätzen liegen die Niederlande und die Schweiz (8,8 Punkte), Belgien (8,7), Deutschland und Japan (8,6). China und Russland liegen auf den letzten beiden von 28 Plätzen mit 6,5 und 6,1 Punkten, Österreich wurde nicht erfasst. Man beachte: Dieser Index besagt nichts über die Lage der Korruptionsbereitschaft im privatwirtschaftlichen Bereich im *Inland*, sondern nur, sofern es Auslandsgeschäfte betrifft!

Die Transparenz-Rangliste Multinationals

Der nächste Index von Transparency International ist die Transparenz-Rangliste Multinationals. Hier werden nicht die Länder der Erde, sondern die 105 größten börsennotierten multinationalen Unternehmen untersucht und in eine Reihenfolge gebracht. Die Bewertung basiert auf öffentlich zugänglichen Informationen der untersuchten Unternehmen, wobei Transparenz als Voraussetzung einer erfolgreichen Antikorruptionspolitik von Unternehmen angesehen wird. 0 Punkte steht dabei für »am intransparentesten«, 10 für »am transparentesten«. TI fasst das Ergebnis so zusammen:

»Das Ergebnis ist durchwachsen. Gering ist im Durchschnitt vor allem die Transparenz über Gewinne und Steuerzahlungen in den Ländern, in denen sie Geschäfte betreiben; dies sind oft die ärmsten Länder mit fragwürdigen Regierungsstrukturen. Unbefriedigend ist bei den meisten multinationalen Unternehmen die Berichterstattung über ihre Antikorruptionsprogramme. Über die Hälfte der Unternehmen veröffentlicht nicht, ob und wie viel Zahlungen sie an Parteien und Politiker leisten. Nur 45 Unternehmen berichten vollständig über ihre Tochterunternehmen. Der Finanzsektor erweist sich [...] als besonders intransparent. Insgesamt schneiden die 24 multinationalen Banken und Versicherungen mit einem durchschnittlichen Punktwert von 4,2 nur unterdurchschnittlich ab. [...]

Die sieben deutschen Unternehmen finden sich alle im ersten Drittel der Rangliste. Positiv ist, dass sie alle vollständig über ihre Töchterunternehmen berichten. [...] Keines der sieben Unternehmen aus Deutschland veröffentlicht, wie viel Steuern ihre Töchter in den jeweiligen Ländern zahlen, in denen das Unternehmen tätig ist.«[39]

Das Globale Korruptionsbarometer (GCB)

Für den tatsächlichen Grad der Korruption in einem Land ist eigentlich das recht neue Globale Korruptionsbarometer (Global Corruption Barometer, GCB) am interessantesten, der am aufwendigsten zu erhebende Index von Transparency International. Wir folgen wieder den Beschreibungen auf der Webseite von TI.

»Das Globale Korruptionsbarometer versucht Auswirkungen von Korruption in verschiedenen Lebensbereichen festzustellen, die Erwartungen in Bezug auf Korruption zu erfahren und die Prioritäten der Korruptionsbekämpfung zu erfragen. Im Gegensatz zu dem Korruptionswahrnehmungsindex (CPI) können Differenzierungen in einzelnen Bereichen vorgenommen werden: etwa politischen, privaten und familiären oder wirtschaftlichen. Werden beim CPI ausschließlich Experten und Entscheidungsträger befragt, ist für das Korruptionsbarometer die Einschätzung eines Bevölkerungsdurchschnitts die Grundlage. [...] Für das Globale Korruptionsbarometer 2013 wurden 114 270 Personen in 107 Ländern befragt. [...]

In Deutschland schneiden auf einer Skala von eins (überhaupt nicht korrupt) bis fünf (höchst korrupt) Justiz (2,6), Polizei (2,7), aber auch das Bildungswesen (2,7) besonders gut ab. Spitzenreiter – im negativen Sinne – sind die politischen Parteien (3,8) und die Privatwirtschaft (3,7). Auch weltweit werden die politischen Parteien am häufigsten als die korruptesten Institutionen wahrgenommen. Auffällig ist das vergleichsweise schlechte Abschneiden der Medien (3,6) in Deutschland.«

Die Schweiz schneidet in allen Bereichen jeweils etwas besser ab als Deutschland, Österreich wurde 2013 nicht erfasst.

**Deutschland und Schweiz
im Globalen Korruptionsbarometer 2013**
Von 1 (überhaupt nicht korrupt) bis 5 (höchst korrupt)

Sektor	Deutschland	Schweiz
Politische Parteien	3,8	3,3
Privatwirtschaft	3,7	3,1
Medien	3,6	3,1
Öffentlicher Sektor	3,4	2,7
Parlament	3,4	2,8
Medizinische/ärztliche Dienste	3,4	2,6
Religiöse Institutionen	3,1	2,7
Nicht-Regierungsorganisationen	3,0	2,5
Militär	2,9	2,6
Bildungssystem	2,7	2,2
Polizei	2,7	2,3
Justiz	2,6	2,2

Kurz noch zur Kritik, der Index erfasse nur Kleinkorruption, sage aber nichts über große Korruption oder über den monetären Umfang der Korruption aus. Einige Forscher sagen dazu, dass Klein- und Großkorruption eng verzahnt sind und meist korrelieren. Wo es viel Kleinkorruption gibt, gibt es immer auch viel Großkorruption. Denkbar ist aber der umgekehrte Fall, dass es in einem Land verhältnismäßig wenig Kleinkorruption gibt, hinter den Kulissen aber Großkorruption läuft. Darauf weist der Umstand hin, dass immer wieder einmal in den Ländern der am besten bewerteten Spitzengruppe wie Finnland trotzdem Fälle von Großkorruption bekannt werden.

Eurobarometer
Neben den internationalen Rankings gibt es weitere regionale Untersuchungen und Rankings, vor allem für Europa. Ein wei-

teres Ranking soll hier stellvertretend vorgestellt werden, das im Rahmen der EU-weiten Umfragen »Eurobarometer« erhoben wird. Mehr als ein Viertel (26 Prozent) aller Europäer geben bei Umfragen der EU laut Eurobarometer (Nr. 397, 2014, nur EU-Mitgliedsländer) für das Jahr 2013 an, dass sie im alltäglichen Leben schon einmal von Korruption betroffen waren. Das reicht von 63 Prozent in Spanien und Griechenland über 57 Prozent in Zypern und Rumänien, 55 Prozent in Kroatien bis hin zu 14 Prozent in Österreich, 9 Prozent in Finnland und den Niederlanden, 7 Prozent in Luxemburg, 6 Prozent in Frankreich und Deutschland sowie 3 Prozent in Dänemark.

Gefragt, ob sie selbst im letzten Jahr bestochen haben oder dazu aufgefordert wurden, antworten im EU-Durchschnitt 4 Prozent der Bürger mit Ja. Dies reicht von sieben Ländern wie Deutschland mit 0–1 Prozent über Österreich mit 5 Prozent bis zu Rumänien mit 25 Prozent und Lettland mit 29 Prozent. In Europa ist vor allem zu beobachten, dass es weiterhin eine tiefe Kluft zwischen der alten EU (15 Länder), die fast alle unter dem Durchschnitt von 4 Prozent liegen, und den viel korrupteren neuen Mitgliedern aus Osteuropa (13 Länder) gibt, die fast alle über dem Durchschnitt liegen.

II. | Korruption: Folgen, Rechtslage, Bekämpfung

1. Folgen der Korruption

Schadensfolgen

Die Kosten der Korruption müssen refinanziert werden, zu Lasten anderer! Es fehlt aber zugleich das klassische Opfer, das sich dieser Zusatzbelastung bewusst ist.

Korruption geht immer zu Lasten Dritter. Meist verteilt sich der Verlust aber auf viele Schultern und die Opfer merken nicht unmittelbar, was vorgeht, etwa wenn der Schaden Steuergelder betrifft oder Preise unnötig steigen. Firmen, die wegen Korruption anderer Firmen bei Ausschreibungen übergangen wurden, wissen oft nicht, warum sie übergangen wurden.

Das deutsche Bundeskriminalamt schreibt zu steigenden Schäden durch Korruption: »Für das Jahr 2012 wurde ein monetärer Schaden von rund 354 Millionen Euro gemeldet, was einem Anstieg von mehr als 28 Prozent gegenüber dem Vorjahr entspricht. Generell können im Bereich der Korruption Aussagen zur monetären Dimension des verursachten Gesamtschadens nur sehr schwer getroffen werden, da gerade die durch Erlangung von Genehmigungen oder Aufträgen verursachten finanziellen Schäden in der Regel nur vage darstellbar sind. Daher kann eine Gesamteinschätzung zum tatsächlichen Ausmaß der verursachten Schäden nur eingeschränkt abgegeben werden.«[40]

Der Bürger wird eigentlich nur durch die Berichterstattung – bei funktionierender Pressefreiheit – darüber informiert, dass er durch Korruption geschädigt wurde.

Bei Ämterpatronage (Nepotismus) werden oft unfähige oder zumindest weniger fähige Verwalter ins Amt gehievt. Das kann verheerende Konsequenzen haben, aber nur selten wird das in großen Skandalen greifbar und natürlich fehlt fast immer der Vergleich, was denn seriöse und erfahrene Fachleute stattdessen erreicht oder verhindert hätten.

Manchmal kann man auch gar nicht sagen, ob und wo es Schaden gab. Wir werden nie erfahren, ob die Nichtwahl von Rainer Barzel zum Bundeskanzler Deutschlands durch Bestechung von Bundestagsabgeordneten durch die DDR geschadet oder genutzt hat, zumal die Einschätzung vor allem an der eigenen Parteipräferenz hängen wird.

Wie schon eingangs gesagt, gehen internationale Manager davon aus, dass Korruption die Projektkosten im Schnitt um zehn Prozent erhöht, es können aber auch bis zu 25 Prozent sein.

Fiktive Beispiele für unerkannte Folgen: Wenn etwa eine Kommune durch Korruption ein überteuertes, schlechteres Feuerwehrauto kauft, hat das Konsequenzen für alle und kann unnötige und große materielle Schäden zur Folge haben. Brennt deswegen ein Haus ab, das mit einem besseren Gerät hätte gerettet werden können, wird der Hausbesitzer das aber noch nicht einmal vermuten oder für möglich halten. Wenn ein Journalist aufgrund von Bestechung ein schlechteres Medikament vollmundig empfiehlt, müssen gegebenenfalls viele Patienten darunter leiden, ohne dass sie davon erfahren oder auch nur ahnen, dass sie Opfer von Korruption geworden sind.

Beispiel Indien – Sportbauten: Im Zusammenhang mit den Commonwealth Games 2010 in Neu-Delhi, Indien, wurden Milliarden US-Dollar der Bausummen für die Sportanlagen veruntreut, vor allem durch Verwendung von minderwertigem Baumaterial, weswegen beim Jawaharlkal-Nehru-Stadion beim Einsturz einer Fußgängerbrücke und der Stadiondecke 50 Menschen schwer verletzt wurden.

Fiktives Beispiel Infrastrukturprojekt: Stellen wir uns einmal vor, ein Regierungschef vergibt einen Auftrag von 100

Millionen US-Dollar für ein Infrastrukturprojekt, das eigentlich überflüssig ist, weil er dafür zehn Prozent Bestechungssumme für sich oder seine Partei erhält. Wir haben solcherlei Projekte besichtigt. Der Schaden geht weit über das reine Geld hinaus. Für 100 Millionen werden sinnvolle oder sogar lebensnotwendige Projekte nicht gebaut oder durchgeführt. Das Geld fehlt eben für Versorgung, Hygiene, Bildung und Sicherheit. Zudem hält hier die Korruption Menschen an der Macht, die ein Schaden für alle sind, und gibt Firmen enorme Macht, die sich sonst meist selbst nicht – oder nicht so groß und einflussreich – am Markt halten könnten.

Beispiel USA – Händler: 1996 gingen Honda-Händler in den USA an die Öffentlichkeit, weil sie keine Hondas einkaufen konnten, ohne Bestechungsgelder an Honda-Mitarbeiter in der Zentrale zu bezahlen. Ein gewaltiger Prozess führte schließlich dazu, dass Honda 15 Millionen US-Dollar an Entschädigung für die Zeit von 1970 bis 1992 an 1 800 Honda-Händler zahlen musste. Weitere Händler, die pleitegingen, weil sie keine Hondas oder nur schlecht verkäufliche Modelle erhielten, gewannen Schadenersatzprozesse.

Beispiel Indien – Bundesstaaten: In Indien ist das Niveau der Korruption in den einzelnen Bundesstaaten sehr unterschiedlich, von sehr niedrigen Werten in Kerala im Süden (240 Punkte von 800 möglichen) bis hin zu Extremwerten in Bihar im Norden an der Grenze zu Nepal (695 Punkte). Es ist leicht zu zeigen, dass die ausländischen Investitionen in die einzelnen Bundesstaaten umso höher sind, je niedriger die Korruption ist.[41] Denn es mag sein, dass sich einzelne korrupte Firmen die Korruptionsanfälligkeit zunutze machen, die große Masse schreckt sie jedoch ab.

Mögliche Schäden durch Korruption

- Gefährdung nicht korrupter Firmen und Personen, zum Beispiel Abbau von Arbeitsplätzen bei Mitbewerbern
- Gefährdung vor allem kleiner Mitbewerber
- Verteuerung von Waren und Leistungen
- Mangelhafte Qualität von Waren und Leistungen (zum Beispiel erhöhter Reparaturaufwand, Gefährdung durch schlechte Qualität und Wartung von Technik)
- Aufschaukeleffekt: je mehr bestochen wird, desto mehr »müssen« sich Konkurrenten an der Bestechung beteiligen
- Vergrößerung der Schere zwischen Arm und Reich, Umverteilung von unten nach oben
- Risiko für Gesundheit, Wasser, Nahrung, Umwelt, Gesundheitsversorgung, Hilfsleistungen
- Für zentrale Staatsaufgaben fehlen Finanzen
- Reduzierte Steuereinnahmen
- Verteuerte Verwaltung
- Fördert falsche Fähigkeiten von Staatsbediensteten – statt Ausbildung, Leistung und Einsatz zählt »Schläue«
- Vertrauensverlust der Bürger in Politik, Verwaltung, Wirtschaft
- Vertrauensverlust: jetzt mache ich es auch
- Demokratie funktioniert nicht
- Kann zu gewalttätigen Revolutionen führen
- Volkswirtschaftliche Schäden
- Ermöglicht Menschenhandel
- Ermöglicht und fördert organisierte Kriminalität
- Hält Investoren ab
- Fortschritt und Entwicklung werden in falsche Richtung gelenkt, weil unnötige Maßnahmen wichtige Investitionen und hilfreiche Veränderungen verhindern

- Schwächt den Rechtsstaat und alles, was der Rechtsstaat regelt
- Verletzung der Menschenrechte, die mit der Gleichheit aller Menschen zu tun haben
- Zementiert oft die Unterdrückung von Frauen
- Senkt mit der Zeit nachweisbar die moralische Hemmschwelle auch bei anderen Vergehen

Beispiel Köln: In Köln nennt man das Kartell, das die Auftragsvergabe im öffentlichen Bereich bespricht, »Unternehmerfrühstück«, weil sich leitende Verwaltungsmitarbeiter beispielsweise mit Bauunternehmern regelmäßig zum Frühstück trafen und treffen. »Klüngel« ist abgeleitet von »clungilin« und bedeutet »kleines Knäuel«, meint also ein Wirrwarr von zusammenhängenden Fäden, das man nicht durchschauen kann. Die Tradition des Kölner Klüngels, das heißt der Verquickung von hohen Ämtern der Stadt mit den Geschäften von Kölner Großunternehmern, geht bis ins Mittelalter zurück. Noch der Kölner Oberbürgermeister Konrad Adenauer erhielt von der Stadtkasse gewaltige Kredite, wenn er privat in Aktien aufgrund von Insidertipps spekulierte, ohne dass die Beteiligten dies als falsch empfanden – und Insiderspekulationen waren noch nicht strafbar.[42]

Beispiel Köln – Kölner Müllgebühren: Bei der Kölner Müllspendenaffäre ging es um nicht deklarierte Spenden von mindestens 480 000 DM zwischen 1994 und 1999 an die regierende SPD, damit sie dem Bau der umstrittenen Müllverbrennungsanlage (MVA) Köln-Niehl zustimmte. Die Strafe für die SPD war aufgrund des Parteiengesetzes das Doppelte der Summe, die SPD-Politiker Klaus Heugel und Norbert Rüther wurden 2008 zu fast zweijährigen Haftstrafen auf Bewährung verurteilt. 2004 wurde Ulrich Eisermann, Geschäftsführer der AVG Köln, zu fast vier Jahren Haft verurteilt. Die zentrale Unternehmerfigur Hellmut Trienekens wurde 2010 zu einer Gesamtfreiheitsstrafe von zwei Jahren zur Bewährung verurteilt. Nach den Aussagen von Eisermann haben Kölner Stadtpolitiker die finanzielle Versorgung von Partei-Kollegen zur Bedingung ihrer Zustimmung für den Bau der MVA Köln-Niehl gemacht. Parteigenosse Stephan Gatter solle »untergebracht« werden und wurde schließlich Betriebsratsvorsitzender. Der Fraktionsvorsitzende der CDU Albert Schröder forderte die Versorgung des Ratsherrn Egbert Bischoff. Der Bau der MVA Köln-Niehl kostete 820 Millionen DM, wovon 30 Millionen DM Schmiergelder gewesen sein sollen, alles auf Kosten der Steuerzahler. Zudem war die Müllverbrennungsanlage aber auch viel größer gebaut worden als genehmigt und benötigt, weswegen sie Müll aus ganz Deutschland und Europa importieren muss. Die Preise außerhalb von Köln sind wesentlich niedriger als die politisch und vertraglich auf Jahre hin garantierten Kölner Preise, sodass die Kölner die Müllentsorgung auswärtiger Gemeinden durch ihre Müllgebühren mitfinanzieren.

Steigt das Bruttoinlandsprodukt (BIP) durch geringere Korruption? Johann Graf Lambsdorff schreibt: »Die Analyse zeigt: Fehlende Korruption wirkt positiv auf das Verhältnis von BIP zum Kapitalstock, erhöht also die Produktivität. ... Würde die Korruption in Deutschland auf das Niveau von Dänemark sinken, also der CPI um ca. 1,5 ansteigen, so würde das Einkommen der Deutschen durchschnittlich um sechs Prozent steigen.«[43] Ähnliche Aussagen zum Verhältnis von wirtschaftlichem Wachstum und geringer Korruption finden sich häufiger. Allerdings sind solche Aussagen umstritten, zum einen, weil es sehr korrupte Länder mit starkem Wirtschaftswachstum gibt (zum Beispiel China, Korea), zum anderen, weil dieser Effekt als fast nicht zu berechnen gilt. Wir verzichten deswegen auf eine Festlegung in dieser Frage.

Immer wieder ist in der Wissenschaft diskutiert worden, ob Korruption nicht auch einen positiven Effekt haben könnte. Der sogenannte *Funktionalismus* vertritt die Auffassung, dass

Korruption oft entwicklungsfördernd ist, weil sie Entwicklungshemmnisse abbaut, den Aufstieg von unten nach oben erleichtern kann, Ressourcen besser verteilt. Dies gilt dann natürlich nur für unterentwickelte und für mehr oder weniger diktatorische Länder.

Inzwischen aber hat sich die Einsicht durchgesetzt, dass bestenfalls in Einzelfällen durch Korruption etwas Besseres bewirkt wird als ohne, dass aber der Gesamt- und Langzeiteffekt von Korruption immer verheerend ist. Überbordende oder chaotische Bürokratie wird etwa nicht durch Bestechung überwunden, vielmehr bringt häufige Bestechung nur noch mehr Abhängigkeit von der Bürokratie hervor.

Folgen für die Menschenrechte

Ein ganzes Buch könnte man füllen, um zu belegen, wie oft es wenig Sinn hat, gegen Menschenrechtsverletzungen vorzugehen, wenn man nicht gleichzeitig gegen Korruption vorgeht. Wir haben dieses Thema schon in der Einleitung und im Kapitel »Was ist Korruption und wer ist betroffen«, dort unter dem Abschnitt zu den »Ärmsten der Armen als Opfer« angesprochen.

Religionsfreiheit kann etwa verletzt werden, wenn Kirchen und andere religiöse Häuser nicht gebaut werden können, außer man besticht die Entscheider. Das Recht auf einen fairen Prozess ist obsolet, wenn das Justizsystem korrupt ist. Könnte man Korruption vollständig ausrotten, wäre der Menschenhandel samt Zwangsprostitution gleich weitgehend mit ausgerottet, ebenso wie ein Großteil des organisierten Verbrechens. Ohne Korruption hätten in vielen Ländern die Ärmsten der Armen viel mehr oder sogar genug zum Leben. Das Recht auf Trinkwasser kann gefährdet sein, wenn durch Korruption das Wasser nur bei bestimmten Personen landet oder die Armen kein Geld haben, um es durch Bestechung zu erlangen.[44]

Rechtslage Deutschland

War die Bestechung von (ausländischen) Unternehmen und Personen im Einkommensteuergesetz von 1934 nicht nur geduldet, sondern sogar voll abzugsfähig, hat sich seitdem einiges getan. 1996 wurde die Absetzbarkeit von Bestechungsgeldern als Betriebsausgaben aufgehoben, aber nur, wenn die Bestechung bestraft wurde. Erst nach langem Hin und Her wurden auf Druck der OECD und der seit 1977 immer schärfer werdenden Gesetzgebung in den USA entsprechende Steuererleichterungen für Bestechungszahlungen im In- und Ausland ganz gestrichen und sind seit 2002 strafbar.

Bestechung und Bestechlichkeit bzw. Vorteilsnahme und Vorteilsgewährung sind im deutschen Strafgesetzbuch (StGB) auf zwei Bereiche bezogen, dem Bereich von Politik und öffentlicher Verwaltung und der Privatwirtschaft. In beiden Fällen ist es im deutschen Strafrecht jedoch lediglich möglich, einzelne (natürliche) Personen für ihr korruptes Verhalten anzuklagen. Ein vielfach gefordertes Unternehmensstrafrecht gibt es bis heute nicht, vor allem, da ein Großteil des heutigen Rechtssystems doch noch auf etwa 80 Jahre alten Pfeilern ruht. Dies führt dazu, dass auch bei offenkundig bekannten Bestechungsvorfällen in internationalen Firmen stets Einzelpersonen des Strafaktes überführt werden müssen. Juristische Unternehmen können nur durch den oft eingeschlagenen Umweg über das Gesetz über Ordnungswidrigkeiten (OWiG) finanziell belangt werden, indem etwa nach § 30 Bußgelder auch für Firmen verhängt werden können. Eine bekannte Schwierigkeit bei Bestechungsskandalen ist jedoch gerade, den *Auftraggeber*, der zumeist aus dem Hintergrund unerkannt die Fäden zieht, ausfindig zu machen. Der *Bestechende*, also der Übergeber des Geldes, ist zumeist wesentlich niedriger in der Hierarchie angesiedelt und nicht der Hauptschuldige.

Paragrafen gegen Bestechung, Bestechlichkeit, Vorteilsnahme, Vorteilsgewährung im deutschen Strafgesetzbuch

- §§ 331 ff. StGB, wenn Amtsträger betroffen sind
- §§ 298 ff. StGB, im geschäftlichen Verkehr
- § 108b StGB, bei Wählerbestechung
- § 108e StGB, bei Abgeordnetenbestechung

Daneben gelten das Gesetz zur Bekämpfung internationaler Bestechung (IntBestG) und das EU-Bestechungsgesetz (EUBestG)

Die konkreten Paragrafen im deutschen Strafgesetzbuch sind sehr ausführlich und weitaus konkreter als in den meisten europäischen Gesetzesbüchern. Systematisch sind sie in den 26. Abschnitt, also Straftaten gegen den Wettbewerb einzuordnen. § 299 betrifft *Bestechlichkeit und Bestechung im geschäftlichen Verkehr*. Dies sind also Vorteilsnahmen und -gewährungen im Rahmen eines geschäftlichen Betriebes. Hierbei werden inländische wie ausländische Fälle abgedeckt. § 300 StGB erweitert den vorherigen Paragrafen um *besonders schwere Fälle der Bestechlichkeit und Bestechung* und ermöglicht es auch, ganze Netzwerke (*Banden*) zu bestrafen. Oft werden diese Paragrafen zusammen mit weiteren Straftaten angeführt. Im Falle der Bestechung ist die Tathandlung stets das Einfordern oder Annehmen eines Vorteils für sich selbst oder einen dritten Auftraggeber. Die besagten Vorteile können hierbei alle Leistungen sein, die zum Beispiel die wirtschaftliche (oder rechtliche) Lage des Beteiligten objektiv verbessern. Dies können Geldzahlungen, aber auch Darlehen, Reisen oder Bordellbesuche sein. Klar definierte Wertobergrenzen für reine Geschenke und den Beginn der Bestechung gibt es hierbei jedoch im Gesetz nicht (wohl aber in vielen Verwaltungsvorschriften, etwa für Bundesbedienstete), tatsächlich wird sie bei Amtsträgern viel niedriger angesetzt als im privatwirtschaftlichen Bereich.

Die größten deutschen Skandale knüpften zumeist neben der reinen Bestechung auch an den § 266 StGB und seine Definition von *Untreue* an. Die Affären um Siemens oder Flick begannen zumeist durch das Aufdecken von eigens eingerichteten *schwarzen Kassen*, aus denen ein Korruptionssystem im In- und Ausland finanziert werden konnte. Dadurch können einzelne Akteure belangt werden, die durch Abzweigen von Geldern von Konten ihrer Treugeber diese illegalen Kassen betrieben. Dies konnte auf Sonderkonten oder auch in bar der Fall sein. Hierbei ist im Gegensatz zu den Bestechungsparagrafen kein *Bereicherungsbestreben* des Täters vorausgesetzt, die Tat an sich ist also bereits strafbar.

Die Bestechung von Amtsträgern fällt unter die §§ 331–335 des deutschen StGB. Der Begriff Amtsträger wird dabei sehr weit verstanden und schließt Wahlämter, Beamte, Angestellte des öffentlichen Dienstes, aber auch dem öffentlichen Dienst Verpflichtete und Bundeswehrangehörige ein. Er hält sich vornehmlich an internationale Vorgaben wie die der Antikorruptionskommission des Europarates, GRECO, und der UN-Konvention gegen Korruption (UNCAC), die zahlreiche Begriffe international einheitlich definieren will. Viele Teile des deutschen Strafrechtes sind also UN-Recht, welches über den Umweg der EU in Deutschland kodifiziert wurde. Auch die Definition des *public official* fällt hierunter. Diese im Deutschen als *Amtsträger* übersetzte Person ist für viele Handlungen strafrechtlich besonders belangbar, so auch für Bestechung. Eine Freiheitsstrafe für Vorteilsnahme oder -gewährung ist im Großteil des westeuropäischen Wirtschaftsraumes allgemeiner Konsens.

Sowohl bei der Bestechung von Amtsträgern nach § 331 StGB also auch von Mitgliedern von geschäftlichen Betrieben wird zwischen *aktiver* und *passiver Bestechung* unterschieden, die für die Bestrafung von keiner großen Relevanz ist. Der Bestochene kann, insbesondere als Mitglied einer Behörde oder auch der Bundeswehr, mit bis zu fünf Jahren Freiheitsentzug bestraft werden (§ 334 StGB), ebenso wie der Bestechende.

Größter Schwachpunkt in der deutschen Korruptionsbekämpfung ist vermutlich die fehlende staatliche Garantie zum Schutz von Whistleblowern bzw. die Verpflichtung für Unternehmen, solchen Mitarbeitern eine Anlaufstelle zu garantieren.

Beispiel Whistleblower – Privatwirtschaft: Erstmals wurde 2011 vom Europäischen Gerichtshof für Menschenrechte entschieden, dass die Kündigung einer Altenpflegerin, die aufgrund der gravierenden Mängel in der Pflegestätte ihres Arbeitgebers Strafanzeige erstattet hatte, ungerechtfertigt war. Es ist nicht nachvollziehbar, wieso die deutschen Gerichte zuvor anders entschieden hatten.

Beispiel Whistleblower – öffentliche Verwaltung: Bis zum Jahre 2005 kämpfte der Münsteraner Steuerfahnder Borcharding um seine Rehabilitierung und für die Wiedereinsetzung in seine alte Position: Er hatte gegen die Oberfinanzdirektion und seine Vorgesetzten zu Recht Anzeige erstattet, weil diese wissentlich Steuerhinterziehungen eines örtlichen Industriebetriebes gedeckt hatten. Seine Briefe an den damaligen Finanzminister Peer Steinbrück und andere Behörden blieben unbeantwortet. Mit 57 ging der Beamte in den Vorruhestand.

Diese und auch ähnliche Fälle zeigen, dass ein staatlicher Whistleblower-Schutz dringend notwendig wäre. Gerade Arbeitnehmer sind nicht vor einer Kündigung durch ihren Arbeitgeber geschützt, in Behörden werden unliebsame Mitarbeiter oft wegen »Beeinträchtigung des Amtsfriedens« (Verwaltungsgericht Münster in der Urteilsbegründung zum Fall Borcharding) an Stellen zwangsversetzt, wo sie keine weiteren Schwierigkeiten machen können. Zum Steuerhinterziehungsskandal des FC Bayern-Vorsitzenden, Uli Hoeneß, schreibt die

FAZ: »Auffällig ist auch, dass Aussagen eines Informanten, der sich mehrfach über einen renommierten Anwalt für Whistleblower mit zusätzlichen Vorwürfen bei den Behörden gemeldet hatte, am Münchner Justizministerium scheiterte. Denn dieses verweigerte ihm den geforderten Informantenschutz.«[45]

Trotz vieler ähnlicher Fälle tauchte die Ratifizierung der UN-Konvention gegen Korruption nicht im Koalitionsvertrag der neuen Bundesregierung auf, obwohl dies Abgeordnete aus Regierung und Opposition zuvor lautstark forderten. Auch die auf dem G20-Gipfel in Seoul beschlossene Verpflichtung, bis 2012 den Schutz von Whistleblowern gesetzlich zu verankern, wurde nicht umgesetzt. Man kann also von einer parteiübergreifenden Ablehnung des Schutzes von *Denunzianten*, wie Hinweisgeber in der Politik immer wieder abschätzig tituliert werden, sprechen.

Seit einem Urteil des Landgerichtes Köln von 2003 gelten in Deutschland Ratsmitglieder einer Kommune als Amtsträger der Verwaltung, nicht als Parlamentarier. Das war ein großer Fortschritt im Kampf gegen kommunale Korruption.

Rechtslage Österreich

Österreich erließ bereits 1964 das erste Antikorruptionsgesetz. Es bezog sich jedoch ausschließlich auf die Bestechung inländischer Beamter bzw. von Leitern öffentlicher Unternehmen. Die Ausweitung auf den privatwirtschaftlichen Sektor erfolgte erst über 40 Jahre später. Kritisierte die GRECO noch 2008 über 24 Punkte der österreichischen Rechtsprechung in Sachen Korruptionsbekämpfung – ein Ausmaß, wie man es sonst eher von EU-Beitrittskandidaten in Osteuropa kannte –, so wurde diesem Rückstand seitdem ausführlich Rechnung getragen, gerade im strafrechtlichen Bereich und im Bereich des Amtsmissbrauches. Insbesondere das Strafrechtsänderungsgesetz 2008 (StRÄG 2008) brachte hier etliche Verbesserungen für die jetzigen §§ 304–310 des Strafgesetzbuches (StGB), etwa die Einführung des Amtsträgerbegriffes. Amtsträger werden definiert als »Beamte als auch Vertragsbedienstete als auch jene Personen, die öffentliche Aufgaben wahrnehmen«. Nach § 304 wird die Vorteilsnahme oder Vorteilsvergabe in Verbindung mit der Amtsführung mit bis zu drei Jahren Freiheitsstrafe bestraft.

Das löste in Österreich nicht wenige Kontroversen aus, kannte man diese Begriffe doch zuvor nicht. In der Öffentlichkeit wurde teilweise darüber diskutiert, ob nun auch schon der Blumenstrauß an den Lehrer bereits Bestechung sei. Dabei wurde jedoch übersehen, dass Österreich überwiegend nur bereits im EU-Parlament beschlossene Vorgaben umsetzte, die in anderen Staaten längst kodifiziert sind und die sich ihrerseits überwiegend auf Forderungen der UN-Konvention gegen Korruption stützen.

Weiterhin wurde durch die Einführung des Tatbestandes des *Anfütterns* die Möglichkeit geschaffen, auch eine zeitlich weit auseinanderliegende Vorteilsgewährung von der dazugehörigen Amtshandlung zu bestrafen. Dies war zuvor nur unter erheblichen Mühen möglich. Die Begriffe Amtsträger bzw. Anfüttern wurden im Korruptionsstrafrechtsänderungsgesetz (KorrStrÄG) von 2009 noch einmal deutlich präzisiert. Dennoch wird die Bestrafung von aktiver Korruption wesentlich weniger bestraft bzw. der Versuch alleine ist noch nicht strafbar, passive Korruption ist jedoch in jedem Fall strafbar, auch das bloße Versprechen oder Ankündigen. In § 168 des StGB wird die Korruption im privaten Bereich geregelt, wobei die Personen, die bestochen werden können, sehr weit als »Bedienstete« und »Beauftragte« einer privatrechtlichen Institution definiert werden.

In Österreich gibt es zumindest erste Tendenzen, einen Whistleblower-Schutz umzusetzen, unter anderem durch einen Whistleblower-Dienst des Justizministeriums im Internet. Doch dieser ist noch ohne staatlich garantierten Schutz gestaltet worden und so weitgehend nutzlos für die Praxis. Die Verpflichtung zur Transparenz der Parteifinanzen lässt in Österreich noch sehr zu wünschen übrig.

Rechtslage Schweiz

In der Schweiz werden bereits seit den 1990er-Jahren Anti-korruptionsgesetze konsequent umgesetzt, wie internationale Organisationen immer wieder bescheinigen. Die Schweiz liegt sozusagen im internationalen Trend der Korruptionsbekämpfung. Als OECD-Mitglied hat sie sowohl die OECD-Konventionen gegen Bestechung von Amtsträgern als auch die UN-Konvention gegen Korruption ratifiziert, wobei Ersteres das schweizerische Strafgesetzbuch wesentlich verändert hat. Bestechung gliedert sich hiernach in drei grundsätzliche Arten: Bestechung von Amtsträgern, Bestechung zwischen Privatpersonen und die strafrechtlichen Konsequenzen für Gewerbe. Erstere beruht wie in Deutschland und Österreich auf dem Grundsatz der Unkäuflichkeit von Amtsträgern und ist in Art. 322 des schweizerischen Strafgesetzbuches getrennt nach aktiver und passiver Bestechung geregelt. Auch der wichtige Begriff der *Anfütterung* wird hier definiert. Bestrafungen reichen ebenso wie in Deutschland und Österreich bis zu fünf Jahren Freiheitsentzug. Die Bestechung von Privatpersonen findet sich zusätzlich im *Bundesgesetz gegen den unlauteren Wettbewerb*. Hier betragen die Höchststrafen drei Jahre Freiheitsentzug. Auch Unternehmen selbst können nach Artikel 102 direkt bestraft werden, sofern eine natürliche Person nicht zur Verantwortung gezogen werden kann.

In der Schweiz wird Korruption unter nicht staatlichen Akteuren (Firmen, Banken, Vereine) in der Regel nicht verfolgt. Laut Gesetzeslage kann so etwas nur auf Antrag erfolgen, was praktisch nie geschieht. Erstaunlich ist, dass die Schweiz trotz dieser fehlenden Strafverfolgung privater Korruption in allen Rankings besser abschneidet als Deutschland. Ebenso erstaunlich ist, dass die Schweiz trotz ihrer Direktdemokratie keine Offenlegungspflicht für Parteispenden hat, sodass unbekannt ist, welche Banken, Firmen und Personen welche Parteien stützen. Auch in der Schweiz gibt es keine staatliche Garantie für den Schutz von Whistleblowern bzw. eine entsprechende Schutzgarantie für Arbeitnehmer.

Rechtfertigungsstrategien der Täter[46]

- Leugnung der Illegalität: (»Das war mein Handlungs-spielraum.«, »Das war doch meine Entscheidung.«)
- Verantwortungsleugnung (»Es ging nicht anders.«, »Es hat niemandem geschadet.«, »Das hätte doch jeder an meiner Stelle gemacht.«)
- Verweis auf Verantwortung des Partners (»Der hätte es wissen müssen.«, »Die haben mich gezwungen.«)
- Verweis auf Umwelt (»Sonst hätte es ein anderer ge-macht.«, »Das tun doch alle.«)
- Opferleugnung und Schadensleugnung (»Es hat niemand geschadet.«, »So ist das nun mal in der Marktwirtschaft, da gibt es immer Verlierer.«)
- Verweis auf Win-Win (»Es war doch für beide Seiten ein gutes Geschäft.«)
- Verweis auf positiven Nutzen, zum Beispiel Sicherung von Arbeitsplätzen (»Es war der einzige Weg, die Firma zu retten.«)
- Umlenken der Aufmerksamkeit (»Andere machen das viel häufiger.«, »Unsere Gesetze sind sowieso so verwirrend.«)
- Anpassungszwang: Gängige Geschäftspraktik (»Meine Vorgesetzten erwarten das so.«, »Es will doch keiner wissen, wie ich den Gewinn mache.«)
- Individuelle, selbst festgelegte Grenzen (»Es waren nur kleine Beträge.«)
- Verweis auf den Nutzen nur für andere (zum Beispiel Partei): (»Es war ja nicht für mich.«)
- Selbstrechtfertigung (»Es steht mir zu.«, »Das habe ich nach so vielen Jahren verdient.«, »Hätten die mich besser bezahlt ...«)

- Verschleierung (»Es ist ja nur eine Nebentätigkeit.«, »Mein Fachwissen wird eben honoriert.«, »Nur ein Geschenk von Freunden aus früheren Zeiten.«)

3. Regierungsführung

Good Governance – Gute Regierungsführung

Fortschritt ist nicht nur eine Frage des Wirtschaftswachstums, sondern auch der sogenannten *Good Governance*. *Gute Regierungsführung* ist dafür eine schlechte Übersetzung, da *Governance* viel mehr als nur das umfasst, was die Regierenden tun, nämlich alles, was mit der Leitung, Verwaltung und Verbesserung eines Staates und einer Gesellschaft zu tun hat. Für *verantwortungsvolle Staatsführung* gilt dasselbe. Der Begriff *Regierungsführung* ist allerdings seit dem 15. Jahrhundert ein Ausdruck der Fachsprache der Historiker und Politologen. Der Begriff *gut* trat erst seit den 1980er-Jahren hinzu und wurde von der Weltbank, dem Entwicklungsprogramm der UN und der OECD aus der Erfahrung der *schlechten* Regierungsführung heraus als Gegenentwurf entwickelt.

Vor allem ein Bericht der Weltbank von 1989, der als Ursache der Krise in Afrika schlechte Regierungsführung sah, sorgte dafür, dass der Begriff *Governance* nach dem Zusammenbruch des kommunistischen Weltreiches zum Schlüsselbegriff der internationalen Entwicklungsdiskussion aufstieg.

Die Weltbank machte 1989 folgende Fehler und Ursachen für die Armuts- und Wachstumskatastrophe afrikanischer Länder aus:

Fünf Elemente schlechter Regierungsführung laut Weltbank 1989

- Unzuverlässiges Rechtssystem
- Schwaches öffentliches Management
- Ungenügende Bindung des Regierungs- und Verwaltungshandelns an Gesetze
- Mangelnde Transparenz bezüglich Verwaltung und Mittelverwendung
- Das Rentendenken der Eliten, das zu wuchernder Korruption führt

Daraus entwickelten sich dann mit der Zeit als Gegenpart Prinzipien einer guten Regierung. 2007 bzw. 2009 verankerte zum Beispiel Artikel 41 der Charta der Grundrechte der Europäischen Union das Grundrecht auf *Good Administration*, also auf *gute Verwaltung*. Trotzdem gilt immer noch, dass jeder unter *Good Governance* etwas anderes verstehen kann.

Elemente von Good Governance

- Rechtsstaatlichkeit, Bindung des öffentlichen Handelns an Gesetze
- Transparente und leistungsfähige öffentliche Finanzsysteme
- Funktionierende, gerechte und transparente Verwaltung
- Bekämpfung von Korruption und der persönlichen Bereicherung der Regierenden

Gründe für grassierende Korruption in Entwicklungsländern

- Korrupte Staatsoberhäupter
- Stärkere Bindung beispielsweise an Großfamilie, Clan, Ethnie oder Religionsgemeinschaft als an den Staat bzw. das Recht
- Fehlende oder zerfallende Infrastruktur
- Schlecht ausgestattete und/oder schlecht funktionierende Verwaltung
- Schlechte Bezahlung von Amtsträgern und öffentlichen Bediensteten
- Kultur der Geschenke an Amtsträger
- Korrupte Strafverfolgung und Gerichtsbarkeit verhindert Bekämpfung der Korruption

Gute Regierungsführung und Demokratie

Demokratie bedeutet mehr als nur freie Wahlen. Vielmehr sind freie Wahlen das beste Mittel zu einem höheren Zweck – Freiheit, Gerechtigkeit und Menschenrechtsschutz für alle. Rechte von Minderheiten stehen beispielsweise höher als Mehrheitsentscheidungen von Parlamenten.

Immer wieder aber wird der Eindruck erweckt, als wenn das Wählen an sich bereits *Good Governance* hervorbringe und Demokratie in diesem eingeengten Sinn auch Korruption verhindere. Tatsächlich zeigt aber die Entwicklung der GUS-Nachfolgestaaten und der osteuropäischen Staaten, dass sowohl Halbdemokratien als auch an sich funktionierende Demokratien nicht verhindern konnten, dass die Korruption doch überhandnahm.

In Demokratien verlagert sich politische Korruption zwar oft auf mehrere Schultern, weil nur in wenigen Demokratien ein Einzelner solche Macht hat wie etwa der amerikanische Präsident, aber damit wächst auch die Zahl derer, die potenziell zur politischen Korruption neigen.

Dass Wahlen kein Allheilmittel gegen Korruption sind, zeigt auch das Beispiel der Türkei. Obwohl es offensichtlich ist, dass Recep Tayyip Erdogan und seine politischen Begleiter sich enorm bereichern und Korruption von oben her sanktionieren, ja Tausende von ermittelnden Beamten versetzt oder entlassen haben, wird Erdogan immer wieder mit großer Mehrheit gewählt.

Ein ähnliches Beispiel ist Silvio Berlusconi in Italien, der in großem Maße in Korruption verstrickt war, ja, der Wirtschaft und Politik völlig verquickt hat und den nur die Immunität und eigens zu seinem Schutz erlassene Gesetze (»Lex Berlusconi«) schützten. Er wurde immer wieder einmal in völlig freien Wahlen Ministerpräsident und kann sich bis heute auf einen erheblichen Stimmenanteil der Wähler verlassen. Auch der südafrikanische Präsident Jacob Zuma gibt sich kaum Mühe, seine Korruption zu verbergen, und macht Kritiker mundtot, kann sich aber trotzdem weiter auf satte Mehrheiten verlassen.

Man verstehe das bitte nicht als Kritik an der Demokratie an sich, aber wenn sich eine Demokratie nicht bewusst ist, wie korruptionsanfällig sie ist, und nicht gewährleistet, dass die Gewaltenteilung, die davon ausgeht, dass Macht korrupt macht, nicht wirklich ernst genommen wird, sondern etwa große Parteien überall gleichermaßen mitreden, können sie hinter nicht- oder halbdemokratische Länder in puncto Korruption zurückfallen. Wählen wir als Beispiel einen Vergleich zwischen Jamaika und Singapur:[47]

Vor 50 Jahren waren Singapur und Jamaika mit 1,8 Millionen Einwohnern etwa gleich groß und beide gleich arm. Damals hätten die meisten Jamaika mehr Chancen gegeben als Singapur. Das Bruttosozialprodukt pro Kopf Singapurs ist auf das Sechsfache angestiegen, das von Jamaika ist die ersten zehn Jahre um 25 Prozent gestiegen und stagniert seit

40 Jahren, ja ist heute sogar etwas niedriger als 1972. Die Sterblichkeitsrate bis zum 5. Lebensjahr ist in Jamaika achtmal so hoch wie in Singapur. Singapur hat mit die niedrigste Mordrate der Welt, Jamaikas Mordrate ist sehr hoch und seit 1972 um das Fünffache angestiegen.

Das Erschreckende: Jamaika ist eine Demokratie mit zwei Parteien, die sich etwa alle zehn Jahre an der Macht abwechseln. Aber es ist ein schlecht verwaltetes Land mit hoher Korruption, Demokratie hin oder her. Singapur dagegen hat zwar vergleichsweise freie Wahlen, bei denen aber seit 1959 mit großer Mehrheit immer dieselbe Partei gewählt wird, die das Land eher autokratisch regiert. Es gibt engmaschige Gesetze und detaillierte Kontrollen. Aber die alles beherrschende Partei hat für eine extrem gut funktionierende Verwaltung, radikale Antikorruptionsmaßnahmen und große innere Sicherheit gesorgt. Obwohl noch in den 1960er-Jahren Korruption Teil der Alltagskultur war, ist sie mittlerweile weitgehend ausgetrocknet.

Demokratie mit hoher Korruption kann schädlicher und ungerechter sein als Halbdemokratie mit gerechter Verwaltung und Justiz gekoppelt mit sehr niedriger Korruption.

4. Korruptionsbekämpfung

Mögliche Maßnahmen

Im Folgenden werden einige Anregungen zur Korruptionsbekämpfung gegeben. Diese können aber weder Fachbücher ersetzen noch als Leitfaden für eine konkrete Behörde oder Firma dienen.

Man kann – etwa in Anlehnung an das österreichische »Bundesamt zur Korruptionsprävention und Korruptionsbekämpfung« mehrere Phasen der Korruptionsbekämpfung unterscheiden:[48]

1. (vorher) Prävention: Analyse von Korruptionsvorgängen und daraus entwickelte Präventionsmaßnahmen auf allen Ebenen, theoretisch wie praktisch
2. (vorher) Edukation/Schulung/Bewusstmachung
3. (während) Repression, und zwar sowohl extern durch Behörden und Prüfer als auch intern
4. (nachher) Kontrolle, ggf. Strafe, ebenso von extern wie intern.

Eigentlich sollte man bei Gründung jeder Behörde und jeder Firma und bei Beginn jedes Projektes die Antikorruptionsmaßnahmen von vornherein organisch mit einplanen und einbauen.

So gibt es wichtige Erfahrungsregeln, die man in das System einbauen sollte, etwa, dass Kontrolle unbedingt die unmittelbare Inaugenscheinnahme von Dokumenten und Ergebnissen beinhaltet (also etwa des gekauften Gutes, der Bauten oder Veranstaltungen vor Ort), oder dass nie nur eine Person von Anfang bis Ende allein für einen Einkauf oder ein Projekt verantwortlich sein sollte. Umgekehrt lehrt etwa die Erfahrung, dass Rotation und Umgruppierung von leitenden Mitarbeitern nicht immer die Lösung ist. Dadurch kann Korruption auch allmählich im ganzen System verbreitet werden.

Antikorruptionsbeauftragte: Bewährt haben sich Antikorruptionsbeauftragte (besonders in Behörden, aber auch in Firmen und NGOs), sie sollten aber erfahrene Rechnungsprüfer sein und den tatsächlichen Betrieb im eigenen Haus mit seinen Heimlichkeiten kennen, das heißt, sie sollten nicht nach politischen Gesichtspunkten oder leistungsfremden Kriterien ausgesucht werden.

Zentrale Vergabestelle: Ebenso bewährt hat sich für Behörden und Konzerne eine »Zentrale Vergabestelle«. Die Planung erfolgt in der Bedarfsstelle, aber die Ausschreibung und der Einkauf erfolgen getrennt in einer Zentralstelle, deren Korruptionsfreiheit gewährleistet sein muss.

Ethikkodex: Ein Ethikkodex sollte schriftlich vorliegen, verständlich sein, gute Gründe nennen, für alle vom Größten bis zum Kleinsten gleichermaßen gelten, disziplinarische Konsequenzen benennen, Ansprechpartner und Vermittlungsgremien angeben. Zudem muss es ein gelebtes Dokument sein, das klar kommuniziert wird und immer wieder Gegenstand von Besprechungen auf allen Ebenen ist.

Integritätspakt: Empfehlenswert sind bei größeren Projekten auch grundsätzliche Vereinbarungen aller Beteiligten, selbst wenn sie nicht alle direkt Geschäfte miteinander machen. »Der Integritätspakt ist ein von Transparency International entwickeltes und global angewandtes Instrument, dem sich vor allem bei größeren Bauvorhaben der Auftraggeber und alle Anbieter unterwerfen, mit klaren Verhaltensvorgaben und ebenso klaren Sanktionsandrohungen.«[49] Dieser Integritätspakt hat sich international bewährt und wird in Deutschland beim Bau des Internationalen Flughafens Berlin-Brandenburg angewendet.

Richtlinien: Die Internationale Handelskammer hat als Vertretung der Weltwirtschaft 1977 erstmals einen umfassenden Bericht über Korruption im Geschäftsverkehr veröffentlicht und dabei Handlungsempfehlungen ausgesprochen. Seit 2008 gibt es dazu spezielle Richtlinien, die 2011 zuletzt überarbeitet wurden.[50]

Pressefreiheit: Für die Korruptionsbekämpfung ist die Pressefreiheit sehr wichtig. Nicht zufällig schränken korrupte Herrscher wie der türkische Ministerpräsident Erdogan oder der russische Präsident Putin die Pressefreiheit oder sogar die Nutzung von Facebook und Twitter ein.

Wichtig ist immer, dass das Entdeckungsrisiko möglichst hoch gesetzt wird, denn es ist oft dieses Risiko, dass darüber entscheidet, ob es zu Korruption kommt oder nicht.

Bei alledem darf man aber nicht vergessen, dass alle Maßnahmen nur Zweck haben, wenn am Ende ein starker Staat steht, der Korruption beenden will. Jede wirksame Bekämpfung der

Korruption muss am Ende auf ein sinnvolles und angewandtes Strafrecht stoßen, dessen konsequente Anwendung wiederum mit der Unabhängigkeit und der materiellen, personellen und fachlichen Ausstattung der Staatsanwaltschaften steht und fällt. Daneben muss der Staat mit gutem Beispiel vorangehen, denn die Spitzenreiter aller Rankings von Transparency International sind Länder mit einer starken Transparenz von Verwaltung und Politik, gestützt auf umfassende Informationsfreiheitsgesetze, die alle Bürger zum Mitwirken einladen.

Whistleblower (Hinweisgeber)[51]

Erfahrungen zeigen, dass Korruption (und andere Wirtschaftsverbrechen) selten von internen oder externen Buchprüfungen oder Rechnungsprüfungen aufgedeckt werden. Viel häufiger sind es »Whistleblower« oder aber Zufälle. Alle jüngsten großen Fälle in Deutschland wie Daimler, VW, Siemens, Ikea oder Allianz gehen auf couragierte Hinweisgeber zurück. Dabei kann es passieren, dass selbst beruflich mit Kontrolle befasste Personen zu Whistleblowern werden müssen, da ihre Vorgesetzten die Weiterleitung oder Umsetzung der Ergebnisse blockieren, wie wir weiter unten im Text noch am Beispiel Paul van Buitenens sehen werden.

Nach einer Untersuchung von 2009 von Pricewaterhouse-Coopers zu deutschen Unternehmen gehen 41 Prozent der entdeckten Fälle von Wirtschaftskriminalität auf interne Hinweisgeber zurück, 21 Prozent auf externe Hinweisgeber.

Das deutsche Bundeskriminalamt schreibt: »Korruption ist Kontrollkriminalität. Erfolge in der Bekämpfung der Korruptionskriminalität hängen stark von der Gewinnung qualifizierter Hinweise ab. Rund zwei Drittel der Verfahren wurden auf entsprechende externe Hinweise hin eingeleitet, die in vielen Unternehmen geschaffenen Compliance-Strukturen dürften dazu beigetragen haben. Der weitere Ausbau dieser Strukturen könnte künftig zu einem weiteren qualitativen und quantitativen Anstieg des Hinweisaufkommens führen.«[52]

Whistleblower sind meist entweder wirklich Unbestechliche, die die Missstände nicht länger mittragen wollen oder die endlich an Beweise gelangt sind, oder aber Korrupte, die aussteigen wollen, weil es ihnen zu gefährlich wird, sie nicht mehr genügend bedacht werden oder sie keinen Einfluss mehr anzubieten haben, der sich zu Geld machen lässt. Korrupte Beziehungen können über Jahre und Jahrzehnte fortdauern, sind aber trotzdem oft sehr labil, etwa wenn die Partnerschaft nicht mehr ergiebig ist, nicht genügend gepflegt wird, ein Partner immer mehr will oder aber beim Näherkommen der Kontrollbehörden jeder nur seine eigene Haut retten will.

Das Whistleblower-Net hat mehrere Untersuchungen in Auftrag gegeben oder durchgeführt. »Eine Erkenntnis dieser Arbeiten ist, dass bisher in Deutschland das große Potenzial, welches für Mitarbeiter und Organisationen/Unternehmen in einem gemeinsam konzipierten und verantwortlich und transparent betriebenen Hinweisgebersystem steckt, meist nicht genutzt wird. Die meisten Systeme werden von oben vorgegeben, ohne deren spätere Benutzer dabei mitzunehmen und dafür zu begeistern. Viele bürden einseitig den Mitarbeitern teilweise rechtlich höchst fragwürdige Meldepflichten auf und überlassen es der Chefetage zu entscheiden, was mit Meldungen geschieht.«[53]

Deutschland, Österreich und der Schweiz fehlen Gesetze, die solche Hinweisgeber vor arbeitsrechtlichen und sogar dienstrechtlichen Repressalien schützen.

Klassische Gegenmaßnahmen oder Strafen von korrupten Firmen gegen Whistleblower

- Erneute Korruption, d. h. Angebot beispielsweise von Geld oder Beförderung, damit geschwiegen wird

---

- Drohung wegen Nichteinhaltung arbeitsrechtlicher Pflichten, Geheimhaltungspflichten oder vorgeschriebener Dienstwege
- Abmahnungen
- Schadensersatzforderungen
- Bossing, Mobbing, Ausgrenzung
- Verlust des innerbetrieblichen Status, Kündigung
- Repressalien gegen Unterstützer und Zeugen
- Nach der Entlassung: Schlechte Chancen auf dem Arbeitsmarkt, Warnung an potenzielle neue Arbeitgeber

Selbst Richter erwarten oft, dass Hinweisgeber zunächst versuchen, die Sache unternehmensintern zu klären. Warum eigentlich – erst recht, wenn es um steuer- und strafrechtlich relevante Tatbestände geht? Muss ein Familienmitglied, das schwer misshandelt wird, auch erst zwingend mit den verwandten Tätern einen Familientherapeuten einschalten, bevor es zur Polizei geht?

Nach einer Untersuchung von 2009 von Pricewaterhouse-Coopers zu deutschen Unternehmen haben aber erst ein Drittel der deutschen Unternehmen überhaupt Antikorruptionsprogramme, nach einer weiteren Untersuchung von 2010 erst ein Viertel der befragten staatlichen Behörden. Hinweisgeber sind da natürlich schlecht aufgehoben und wenden sich besser gleich an externe Stellen, vor allem wenn sie nicht wissen, wer von ihren Vorgesetzten oder Ansprechpartnern in der Firma in die Korruption verwickelt ist.

Paul van Buitenen
Ein überzeugter holländischer Christ, Paul van Buitenen, hat 1999 durch seine Unbestechlichkeit – ganz im Gefolge alttestamentlicher Propheten – den Rücktritt der EU-Kommission wegen einem unglaublichen Korruptionsfilz herbeigeführt,[54]

dafür aber seinen Job bei der EU verloren. Er ist ein Musterbeispiel dafür, wie es Whistleblowern selbst in Gremien wie der EU-Kommission ergeht, die unablässig von Korruptionsbekämpfung reden und andere zu Korruptionsbekämpfungsmaßnahmen drängen, und dafür, dass für Kontrolle zuständige Beamte zu Whisteblowern werden können.

Van Buitenen fand als Kontrollbeamter der EU-Kommission mit Kollegen unwiderlegbare Beweise[55] für illegale Zuweisungen von Fördergeldern aus dem zur Förderung von Fortbildung gedachten Leonardo-da-Vinci-BAT-Programm. Die Antikorruptionsbehörde der Europäischen Kommission ließ seinen Bericht liegen. Seine eigene Dienststelle ermittelte, weigerte sich dann aber, gegen das Direktorat zu ermitteln, und verbot van Buitenen weitere Untersuchungen. Dieser führte aber weiter privat Notizen, schickte diese an alle Vorgesetzten und drohte mit Übersendung an das EU-Parlament. Darauf erschien am 17. 7. 1998 ein Untersuchungsbericht seiner Behörde, der alle Vorwürfe bestätigte, aber wieder liegen blieb. Der Generaldirektor verbot van Buitenen die Weiterleitung an den Europäischen Rechnungshof und das EU-Parlament. Am 9. 12. 1998 schließlich schickte van Buitenen 75 Exemplare an den Vorsitzenden der Grünen-Fraktion mit der Bitte um Weiterleitung an die Budget-Kontroll-Kommission. Der Bericht beschrieb auch, wie diese und viele andere Korruptionsermittlungen von Vorgesetzten bis hinauf zur französischen Kommissarin behindert wurden. Daraufhin wurde van Buitenen beurlaubt und sein Gehalt halbiert, später wurde er zum Gebäudedienst versetzt, er sollte am Ende nie wieder als EU-Kontroller arbeiten – dabei hätte man gerade ihn eher zum Leiter der Antikorruptionsabteilung machen sollen! Als van Buitenen schließlich an die Presse herantrat, beschuldigten ihn mehrere Kommissare und die Kommission als Ganzes der Inkompetenz und Lüge. Am 15. 3. 1999 überbrachte ein vom EU-Parlament beauftragtes Komitee von Sachverständigen einen vernichtenden Bericht, der alle Vorwürfe van Buitenens bestätigte. Noch am Abend desselben Tages trat die gesamte Kommission zurück. Van Buitenen, heute EU-Abgeordneter im Kampf gegen Korruption in der EU, gilt in der EU-Kommission aber bis heute als schwarzes Schaf. Er wurde nie rehabilitiert, geschweige denn, dass ihm gedankt wurde. Das EU-Parlament weigert sich bis heute, einen Whistleblower-Schutz oder wenigstens einen Schutz seiner eigenen Kontrollbeamten einzuführen, damit so etwas nie wieder vorkommt.

Hinweissysteme

Es ist erwiesen, dass allein schon die Existenz von Hinweissystemen eine abschreckende Wirkung hat, gleich ob es sich um Ombudsmänner, anonyme Telefone oder externe Vertrauensrechtsanwälte handelt. Am besten ist, wenn mehrere solcher Wege und Systeme parallel zur Verfügung stehen. Eigentlich müsste jede Behörde, jede Firma, jeder Verein alleine aus ökonomischen Gründen daran interessiert sein, möglichst schnell und gründlich zu erfahren, wo er geschädigt wird, um Geld zu sparen!

So nehmen bei der Deutschen Bahn oder für die Bundesländer Rheinland-Pfalz und Hamburg externe Rechtsanwälte als Ombudsmänner Hinweise vertraulich entgegen. Nordrhein-Westfalen hat eine Korruptions-Hotline zu einer Spezialeinheit des Landeskriminalamtes eingerichtet. Schleswig-Holstein hat einen unabhängigen Antikorruptionsbeauftragten eingesetzt, mit dem Hinweisgeber sprechen können.

Die niedersächsische Polizei hat die Internetplattform Business Keeper Monitoring System (BKMS) geschaffen, über die Whistleblower anonym mit der Polizei kommunizieren können. Meist reicht nämlich ein einmaliger Hinwies nicht, mit der Plattform kann sich die Polizei nach einer Plausibilitätsprüfung wieder an den Hinweisgeber wenden. Dadurch werden pro Jahr etwa 150 Strafverfahren eingeleitet. Die Plattform kann auch von privaten Unternehmern übernommen werden.

Forderungskatalog zur Bekämpfung von Korruption

Großbritannien hat 2010 das Nichtvorhandensein von Präventivmaßnahmen in Firmen unter Strafe gestellt. Ein solcher Nachweis von getroffenen Maßnahmen sollte auch bei uns für Behörden, größere Firmen und NGOs selbstverständlich werden. Denn für den Schaden durch Korruption kommen dann ja immer viele auf, oft genug direkt oder indirekt der Steuerzahler.

Forderungen zur Korruptionsbekämpfung

- Verjährungsfrist erhöhen (Korruption verjährt in Deutschland nach fünf Jahren. Da sie auf Geheimhaltung und Verschleierung angelegt ist und oft erst viel später entdeckt wird, ist das viel zu kurz.)
- Strenge Regeln für Lobbyisten
- Polizei und Kontrollbehörden besser ausstatten, personell wie materiell (zum Beispiel veraltete Computer)
- Schwerpunktstaatsanwaltschaften wie in München oder Frankfurt
- Mehr Richter und Staatsanwälte und deren Mitarbeiter (würde sich wegen Gewinnabschöpfung lohnen)
- Das Weisungsrecht bei staatsanwaltlichen Ermittlungen einschränken und transparent machen (nur einsehbare schriftliche Aktenvorgänge mit Begründung zulässig)
- Höherqualifizierung der Strafverfolgungsbehörden
- Behandlung des Themas schon in der Ausbildung (zum Beispiel Jura, BWL, Verwaltungswissenschaft, Pädagogik)
- Wirtschaftsethik fördern
- Forschung verstärken
- Ämterpatronage ächten und strafrechtlich erfassen

- Einführung eines Unternehmensstrafrechts – wie in den USA, Frankreich und der Schweiz
- Das Geldwäschegesetz muss alle Korruptionstatbestände umfassen
- Gewinnabschöpfung verbessern – Unmoral darf sich nicht bezahlt machen
- Korruptionsregister nach skandinavischem Vorbild
- Bessere Telefonüberwachung von korrupten Beamten und Firmen
- Transparenz in Verwaltung und Politik
- Jedes Unternehmen, jede Behörde muss strikte Richtlinien haben
- Vier-Augen-Prinzip und Ämterrotation
- Schutz von Whistleblowern
- Kronzeugenregelung
- Im Gesundheitswesen: Die sogenannten Anwendungsbeobachtungen sind zu verbieten

III. | Korruption – Sicht der Bibel

1. Korruption aus biblischer Sicht

Gott wird im Alten wie auch im Neuen Testament sehr häufig unter dem Leitbild des höchsten Richters, dessen absolute Gerechtigkeit und Unbestechlichkeit Ausgangspunkt für die Verwerfung jeder Rechtsbeugung aus Geld- und Machtgier war und ist, vorgestellt. Das zeigt, dass das Thema Korruption in der Bibel und in der jüdisch-christlichen Ethik ganz oben angesiedelt ist. Eine Gesellschaft mit Korruption kann per Definition keine gerechte Gesellschaft sein. Gott ist der »Gott, der niemanden bevorzugt und kein Bestechungsgeschenk annimmt« (5. Mose 10,17); »Denn bei dem Herrn, unserm Gott, ist kein Unrecht, kein Ansehen der Person und kein Annehmen von Geschenken« (2. Chronik 19,7).

Die Versuchung von Jesus (Matthäus 4, Lukas 4) ist das neutestamentliche Gegenstück zum alttestamentlichen Zeugnis von dem unbestechlichen Gott. Jesus muss zu Beginn seines Wirkens zunächst seine Unbestechlichkeit unter Beweis stellen. Weder mit Brot noch mit Macht lässt er sich bestechen. Auch als der Teufel ihm alle Macht über alle Reiche der Erde verspricht – das größte Bestechungsgeschenk, das je jemandem angeboten wurde –, lässt sich Jesus nicht von Macht- und Habgier leiten, sondern vom Willen Gottes.

Dies zeigt schon, dass Bestechung und Korruption, also die Beugung der Gerechtigkeit und des Rechtes durch das Angebot von Geld, Einfluss oder Macht, in der Bibel wahrhaftig kein Kavaliersdelikt sind, sondern ein zentrales Thema.[56] Das Thema Korruption zeigt dabei auch, wie wenig man in der Bibel persönliche und gesellschaftliche Sünde voneinander trennen kann. An Korruption sind immer einzelne Personen beteiligt, und doch ist Korruption immer ein Übel, zu dem ein ganzes Geflecht an bösen Strukturen gehört und das eine ganze Gesellschaft in den Abgrund reißen kann, da gerade die Verantwortlichen in allen Bereichen der Gesellschaft, also in Kirche, Wirtschaft und Staat, davon aufgefressen werden.

Die hebräische Wurzel *(schd)*, von der das Wort »Bestechungsgeschenk« (Hebr. *sochad)* stammt, bedeutet eigentlich *Verderben*. Unser Fremdwort Korruption kommt von der entsprechenden lateinischen Übersetzung *corruptio*, die ebenfalls *Verderben, Zerstörung* bedeutet. *Corruptio* ist jedoch auch nicht zufällig das lateinische Wort für *Erbsünde*, das in der katholischen Lehre und den reformatorischen Bekenntnisschriften die Erbsünde und damit den Sündenfall bezeichnet, ließen sich doch schon Adam und Eva durch das Angebot von Macht und Wissen (»Ihr werdet sein wie Gott«, 1. Mose 3,5) zur Rebellion gegen Gott und seinen Frieden *(schalom)* überreden. Die kirchliche Tradition sieht die *natura corrupta*, das korrupte Herz, als Wurzel nicht nur der eigentlichen Korruption, sondern des schädlichen Verhaltens anderer gegenüber überhaupt.

Bestechung annehmen ist immer falsch und wird im Alten Testament ungezählte Male verurteilt (z. B. 2. Mose 23,8; Sprüche 15,27; 17,8; Prediger 7,7; Hesekiel 22,12; Hiob 15,34). Korruption und Bestechung im Gericht werden immer wieder streng verboten (5. Mose 27,25; Sprüche 17,8.23; Jesaja 33,15; Hesekiel 22,12).

Wiederholt berichtet die Bibel warnend von Menschen, die sich zu bösen Taten verleiten ließen oder Bestechungsgeld forderten oder anboten. So finden wir im Neuen Testament Judas, der Jesus für Geld verriet (Matthäus 27,3; Apostelgeschichte 1,18), die Wächter am Grab von Jesus, die für Geld eine Falschaussage machten (Matthäus 28,12), den Wahrsager Simon, der von Petrus für Geld die Kraft des Heiligen Geistes kaufen wollte (Apostelgeschichte 8,20), und den Richter Felix, der Paulus nur für Geld freisprechen wollte (Apostelgeschichte 24,26).

Den Filz der Korruption, der mehr und mehr alle Lebensberei-che verschlingt und die Gesellschaft von oben her verdirbt und zerstört, zeigt vielleicht kein Text besser auf als eine Anklage des Propheten Micha: »Der Oberste fordert, und der Richter richtet gegen Entgelt, und der Große entscheidet nach der Gier seiner eigenen Seele, und sie flechten es ineinander« (Micha 7,3). Jeder, der irgendwo oben steht, nutzt seine Macht und folgt der Gier statt der Gerechtigkeit. Dabei wäscht eine Hand die andere (»und sie flechten es ineinander«), und am Ende handelt es sich um eine Krake, der man noch so viele Arme abschlagen kann, ohne sie wirklich zu beseitigen.

Ist es erst einmal so weit, dass die Übergänge zwischen Betrug und Korruption in den verschiedenen Autoritätsstruk-turen fließend werden, ist auch das Volk Gottes und die Kirche nicht ausgenommen, hat sie doch selbst nicht deutlich gegen Korruption und jede Form der Gier gepredigt, sich vielmehr selbst bestechen lassen. Micha klagt an anderer Stelle an: »Seine Häupter richten für Bestechung, seine Priester lehren für Lohn, und seine Propheten wahrsagen für Geld« (Micha 3,11).

Es sei ausdrücklich darauf hingewiesen, dass im Alten Tes-tament und besonders bei den Propheten der Kampf gegen Korruption die Vorbedingung für den Kampf gegen die Aus-beutung der Armen ist![57]

2. Pflichtenkollision bei Kleinkorrup-tion vorwiegend armer Menschen

Das Alte wie das Neue Testament begrüßen Geschenke. Men-schen schenken, um anderen Menschen zu helfen oder ihnen Freude zu machen. Bei aller notwendigen Warnung vor Korrup-tion darf die Warnung nicht dazu führen, dass eine notwendige und gesunde Geschenkkultur insgesamt in Verruf gerät.

Die Bibel ist sehr nüchtern und realitätsnah, auch darin, dass es manchmal zu einer Pflichtenkollision kommen kann, die Geschenke zwingend notwendig machen, um rechtmäßige Dinge zu erreichen, die einem ungerechterweise vorenthalten werden. Wie sagt der Weisheitslehrer? »Eine Gabe im Verborgenen wendet Zorn ab, und ein Geschenk im Gewandbausch heftigen Grimm« (Sprüche 21,14). Trifft der arme Mensch auf bestechliche Beamte und es besteht keine Aussicht darauf, diese Bestechlichkeit im Moment oder erfolgreich auszumerzen, kann er unseres Erachtens – auch als Christ –, wie wir es in Indonesien taten (siehe »Einführung ins Thema«), sein Recht durch Geschenke bewirken.

Bestechungsgelder geben ist also in gewissem Maße zulässig, wenn dadurch keine Rechtsbeugung erwirkt wird, sondern nur das Zulässige und Rechtmäßige möglich gemacht oder der Schaden von anderen abgewendet wird.[58] Man verurteilt ja auch diejenigen Juden nicht, die sich oder andere durch Korruption den Weg aus dem KZ freikauften. Ebenso bleibt Armen und Machtlosen oft nichts anderes übrig, als sich medizinische Behandlung oder einen Schulplatz zu erkaufen. Dass dies dennoch mit großer Vorsicht und Zurückhaltung zu geschehen hat und nur für Länder und Situationen gilt, in denen es keine anderen Möglichkeiten gibt (etwa eine Beschwerde bei Vorgesetzten, der Gang zu den Gerichten oder eine alternative Möglichkeit, das Gewünschte zu erlangen), dürfte klar sein.

Hier geht es um eine klassische Pflichtenkollision. Damit ist auch klar, dass Bestechung für Nichtigkeiten oder gar für unrechtmäßige Dinge ebenso undenkbar ist wie die Anwendung von Bestechung in einem Rechtsstaat, in dem es funktionierende Möglichkeiten gibt, gegen die Verweigerung von Dingen, die einem rechtmäßig zustehen, vorzugehen.

Doch auch der Christ, der gezwungen ist zu zahlen, wird dennoch gegen das Übel der Korruption kämpfen und insbesondere damit beginnen, jede Form der Bestechlichkeit und Käuflichkeit zu bekämpfen.

Der ethische Konflikt, die Pflichtenkollision, entsteht, wenn zwei Werte und Gebote bzw. Verbote in Konflikt geraten. Ein häufiger Konflikt in der Bibel betrifft die beiden Gebote, nicht zu töten und nicht zu lügen, also das fünfte und das sechste Gebot. Da das Gebot, Leben zu schützen, höher steht als das Gebot, nicht zu lügen, darf im äußersten Konfliktfall eine Lüge Leben retten. Dies ist vor allem am Beispiel der Hure Rahab immer wieder begründet worden, obwohl es viele weitere Beispiele im Alten Testament gibt (z. B. 2. Mose 1,15-21; 2. Mose 2,3-9; Josua 2,1-22; Psalm 34; 1. Samuel 16,2; 19,9-17; 2. Samuel 17,18-21). Auch ist niemand verpflichtet, wahrheitsgemäß Auskunft zu geben, wenn die Information zum Töten verwendet werden soll (also etwa, wenn die Nazis wissen wollten, wo Juden versteckt waren).

IV. | Ratschläge und weiterführende Literatur

Ratschläge

Kurz-und-bündig-Bände haben normalerweise einen praktischen Teil mit Ratschlägen und Empfehlungen. In diesem Buch finden sich diese an verschiedenen Stellen verstreut.

Des Weiteren empfehlen wir Ihnen, sich ein Fachbuch zur Korruptionsbekämpfung in Ihrem beruflichen Bereich zu besorgen (also etwa Ratgeber zur Bekämpfung von Korruption in Verwaltung, Wirtschaft, Medizin, Medien, Sport oder Politikbetrieb) und den dortigen Empfehlungen zu folgen.

Außerdem empfehlen wir Ihnen, in jeder Institution, zu der Sie gehören, in der Sie Einfluss haben und mit der Sie regelmäßig zu tun haben, nach dem gültigen Korruptionspräventionsprogramm zu fragen oder gegebenenfalls auf dessen Einführung zu drängen, also etwa Ihre Kommune, Ihre Behörde, Ihre Firma, Ihre Partei, Ihre Kirchengemeinde und die Vereine, in denen Sie Mitglied sind.

Weiterführende Literatur

Alle hier aufgeführten Internet-Links wurden am 21.05.2014 auf ihre Aktualität überprüft.

Weltberichte Transparency International
- Deutsch (nur ein Transparency International Jahresbericht wurde ins Deutsche übersetzt): *Jahrbuch Korruption 2006*: Schwerpunkt: Korruption im Gesundheitssektor. Berlin: Parthas, 2006
- Englisch (deutsche Bezeichnungen der Indexe im Text oben):

- *Corruption Perceptions Index 2013*. http://www.transparency.org/whatwedo/pub/cpi_2013
- *The 2011 Bribe Payers Index*. http://bpi.transparency.org/bpi2011
- *Global Corruption Barometer 2013*. http://www.transparency.org/whatwedo/pub/global_corruption_barometer_2013
- *Transparenz-Rangliste Multinationals 2012:* http://www.transparency.org/whatwedo/pub/transparency_in_corporate_reporting_assessing_the_worlds_largest_companies
- *Global Corruption Report [2013]:* Education. Transparency International: London/New York, 2013; auch: http://www.transparency.org/whatwedo/pub/global_corruption_report_education
- *Global Corruption Report [2011]:* Climate Change. Transparency International: London/Washington, 2011; auch: http://www.transparency.org/whatwedo/pub/global_corruption_report_climate_change
- *Global Corruption Report 2009:* Corruption and the Private Sector. Transparency International: Cambridge/New York 2009; auch: http://www.transparency.org/whatwedo/pub/global_corruption_report_2009
- *Global Corruption Report 2007:* Corruption in Judicial Systems. Transparency International: Cambridge/New York 2007; auch: http://www.transparency.org/whatwedo/pub/global_corruption_report_2007_corruption_and_judicial_systems
- *Global Corruption Report 2004:* Special Focus: Political Corruption. Transparency International: London/Sterling (VA), 2004; auch: http://www.transparency.org/whatwedo/pub/global_corruption_report_2004_political_corruption

International

- Matthias S. Fifka, Andreas Falke (Hg.). *Korruption als internationales Phänomen*. Berlin: Erich Schmidt, 2012
- Raymond Fisman, Edward Miguel. *Economic Gangsters: Korruption und Kriminalität in der Weltwirtschaft*. Frankfurt a. M./New York: Campus, 2009
- Markus Flückiger. *Geschenk und Bestechung: Korruption im afrikanischen Kontext*. Bonn: VKW, 2000
- Birger P. Priddat, Michael Schmid (Hg.). *Korruption als Ordnung zweiter Art*. Wiesbaden: VS Verlag/Springer, 2011
- Englisch: Laurence Cockcroft. *Global Corruption: Money, Power and Ethics in the Modern World*. London/New York: I. B. Tauris, 2012

- International Council on Human Rights. *Corruption and Human Rights*. 2009. http://www.u4.no/recommended-reading/corruption-and-human-rights-making-the-connection/downloadasset/2329

Europa – Berichte
- *Eurobarometer 2014*, Auszug: http://ec.europa.eu/public_opinion/archives/ebs/ebs_397_fact_de_de.pdf
- Englisch: *Eurobarometer No 397: Corruption*. *2014*. http://ec.europa.eu/public_opinion/archives/ebs/ebs_397_en.pdf
- *EU Anti-Korruptions-Bericht 2014*. http://ec.europa.eu/dgs/home-affairs/what-we-do/policies/organized-crime-and-human-trafficking/corruption/anti-corruption-report/index_en.htm
- Transparency International. *Money, Politics, Power: Corruption Risks in Europe*. London: TI, 2012. http://www.transparency.org/whatwedo/pub/money_politics_and_power_corruption_risks_in_europe
- Transparency International. *Whistleblowing in Europe: Legal protections for whistleblowers in the EU*. London: TI, 2013. http://www.transparency.org/whatwedo/pub/whistleblowing_in_europe_legal_protections_for_whistleblowers_in_the_eu

Europa
- Paul van Buitenen. *Unbestechlich für Europa: Ein EU-Beamter kämpft gegen Misswirtschaft und Korruption*. Gießen: Brunnen, 1999
- Sebastian Wolf. Korruption, *Antikorruptionspolitik und öffentliche Verwaltung*. Berlin: Springer VS, 2014
- Englisch: Philip Gounev, Vincenzo Ruggiero (Hg.). *Corruption and Organized Crime in Europe*. London/New York: Rouledge, 2012
- Dirk Tänzler (Hg.). The *Social Construction of Corruption in Europe*. Abingdon (GB): Ashgate, 2012 [zu einzelnen europäischen Ländern]

Deutschland
- Bundeskriminalamt (BKA). *Bundeslagebild Korruption*, jährlich, zuletzt »2012«, http://www.bka.de/DE/ThemenABisZ/Deliktsbereiche/Korruption/Lagebilder/lagebilder__node.html?__nnn=true
- Jahresberichte von Transparency International Deutschland: http://www.transparency.de/Publikationen.2175.0.html
- Hans Herbert von Arnim (Hg.). *Korruption: Netzwerke in Politik, Ämtern und Wirtschaft*. München: Knaur, 2003

- Ludwig Greven. *Sind wir alle käuflich? Weshalb Korruption die Politik und unser Leben durchdringt.* Köln: Edition Lingen Stiftung, 2013
- Hans Leyendecker. *Die große Gier: Warum unsere Wirtschaft eine neue Moral braucht.* Reinbek: Rowohlt Tb., 2009
- Jürgen Roth, Rainer Nübel, Rainer Fromm. *Anklage unerwünscht: Korruption und Willkür in der deutschen Justiz.* Frankfurt a. M.: Eichborn, 2007; München: Heyne, 2008
- Werner Rügemer. *Colonia Corrupta: Globalisierung, Privatisierung und Korruption im Schatten des Kölner Klüngels.* Münster: Westfälisches Dampfboot, 2002[1]; 2012[7]
- Frank Überall. *Abgeschmiert: Wie Deutschland durch Korruption heruntergewirtschaftet wird.* Köln: Bastei Ehrenwirth, 2011

Schweiz

- Transparency International Schweiz: http://www.transparency.ch
- Frank Hertel. *Grösste Korruptionsfälle der Schweiz,*
- http://www.gmx.net/themen/schweiz/top/8097j8w-groessten-korruptionsfaelle-schweiz
- Lukas Amstutz u. a. *Die Schweiz, Gott und das Geld.* Genf: ChrisNet, 2013, bestellbar unter: http://www.christnet.ch/de/content/ «die-schweiz-gott-und-das-geld»
- Transparency International Schweiz. *Korruption und Korruptionsbekämpfung in der Schweiz.* 2013. http://www.transparency.ch/de/ PDF_files/Divers/KorruptionSchweiz_Webversion.pdf
- Transparency International Schweiz, *Stiftung Ethos. Korruptionsbekämpfung in der Schweiz.* 2011. http://www.transparency.ch/de/ aktuelles_schweiz/meldungen/2011_Ethos_TI_D.pdf
- Transparency International Schweiz. *Korruption im Sport. 2013.* http://www.transparency.ch/de/PDF_files/Dossiers/Dossier_Sport_ de.pdf
- Transparency International Schweiz. *Politikfinanzierung in der Schweiz. 2012.* Dossier: http://transparency.ch/de/PDF_files/Dossiers/ Dossier_Politikfinanzierung.pdf;Positionspapier: http://www. transparency.ch/de/PDF_files/Divers/Positionspapier_Politik.pdf

Österreich

- Transparency International Österreich: http://www.ti-austria.at
- Korruption in Österreich: http://www.wien-konkret.at/politik/ korruption/Bundesamt zur Korruptionsprävention und Korruptionsbekämpfung: http://www.bak.gv.at/cms/BAK_dt/vorstellung/start.aspx
- Bundesjustizministerium für Justiz, Sektion Strafrecht. Korruptionsstrafrecht neu: *Fibel zum Korruptionsstrafrechtsänderungsgesetz 2012.*

http://www.justiz.gv.at/web2013/file/2c948485398b9b2a013c6764
c78f2bfb.de.0/korrstraeg_fibel_webversion.pdf

- Lukas Achathaler u. a. (Hg.). *Korruptionsbekämpfung als globale Herausforderung.* Wiesbaden: VS Verlag für Sozialwissenschaften, 2011. bes. S. 37-72
- Andreas Marco Stockhammer. *Politische Korruption in Österreich.* Diplomarbeit Universität Wien. 2011. http://othes.univie.ac.at/13474/
Mafia, Menschenhandel
- Francesco Forgione. *Mafia Export.* München: Goldmann, 2011
- Thomas Schirrmacher. *Menschenhandel.* Holzgerlingen: SCM Hänssler, 2013[4]
- Michael Jürgs. *Sklavenmarkt Europa.* Gütersloh: C. Bertelsmann, 2014

Fachbücher und wissenschaftliche Sammelbände
Siehe alle Titel unter »International« oben

- Hans Herbert von Arnim (Hg.). *Defizite in der Korruptionsbekämpfung und der Korruptionsforschung.* Berlin: Duncker & Humblot, 2009
- Britta Bannenberg, Wolfgang Schaupensteiner. *Korruption in Deutschland: Portrait einer Wachstumsbranche.* München: C. H. Beck, 2007[4]
- Peter Graeff, Jürgen Grieger (Hg.). *Was ist Korruption?* Baden-Baden: Nomos, 2012 [Mitglieder des wissenschaftlichen Beirats von Transparency International Deutschland unterschiedlicher Fachdisziplinen]
- Christian Höffling. *Korruption als soziale Beziehung.* Opladen: Leske + Budrich, 2002 [untersucht 185 Fälle von Korruption]
- Stephan A. Jansen, Birger P. Priddat (Hg.). *Korruption: Unaufgeklärter Kapitalismus.* Wiesbaden: VS Verlag für Sozialwissenschaften, 2005
- Sven Litzcke u. a. Korruption: *Risikofaktor Mensch: Wahrnehmung – Rechtfertigung – Meldeverhalten.* Wiesbaden: Springer VS, 2012
- Sebastian Wolf. *Korruption* (s. u. »Europa«)

Recht – deutschsprachige Länder

- Thomas Ax, Matthias Schneider (Hg.). *Rechtshandbuch Korruptionsbekämpfung.* Berlin: Erich Schmidt Verlag, 2010[2]
- Dieter Dölling. *Handbuch Korruptionsbekämpfung: Für Wirtschaftsunternehmen und öffentliche Verwaltung.* Beck Juristischer Verlag, 2007
- Matthias Freund u. a. *Korruption und Kartelle bei Auftragsvergaben: Prävention – Sanktionen – Verteidigung.* C. H. Beck: München, 2008
- Pamela Linke. *Verknüpfung von Strafrecht und Steuerrecht zur Bekämpfung von Korruption im nationalen und internationalen Geschäftsverkehr.* Frankfurt a. M.: Peter Lang, 2011

- Reinhart Maurach, Friedrich-Christian Schroder, Manfred Maiwald. *Strafrecht Besonderer Teil Teilband 2: Straftaten gegen Gemeinschaftswerte.* Heidelberg: C. F. Müller, 2012. S. 244-250, 347-361
- Roland Pfefferle, Simon Pfefferle. *Korruption im geschäftlichen Verkehr.* Stuttgart: Kohlhammer, 2011
- Ulrich Sommer. *Korruptionsstrafrecht.* Köln: Zap-Verlag, 2009
- Michael Ueberhofen. *Korruption und Bestechungsdelikte im staatlichen Bereich: Ein Rechtsvergleich und Reformüberlegungen zum deutschen Recht.* Freiburg: edition iuscrim, 1999

Geschichte

- Niels Grüne (Hg.). *Korruption: Historische Annäherungen an eine Grundfigur politischer Kommunikation.* Göttingen: Vandenhoeck & Ruprecht, 2010
- Wolfgang Schuller (Hg.). *Korruption im Altertum:* Konstanzer Symposium Oktober 1979. München: Oldenbourg, 1982
- Bruce Buchan, Lisa Hill. *An Intellectual History of Political Corruption.* Basingstoke (GB): Palgrave Macmillan, 2014

Korruptionsbekämpfung – Recht, Institutionell

- Texte der Bundesregierung: http://www.bmi.bund.de/SharedDocs/Downloads/DE/Broschueren/2006/Texte_zur_Korruptionspraevention 2006.pdf?__blob=publicationFile
- Lukas Achathaler u. a. (Hg.). *Korruptionsbekämpfung als globale Herausforderung.* Wiesbaden: VS Verlag für Sozialwissenschaften, 2011
- Dirk Monsau. *Vereinte Nationen und Korruptionsbekämpfung.* Dresdener Schriften zu Recht und Politik der Vereinten Nationen 12. Frankfurt a. M.: Peter Lang, 2010

Korruptionsbekämpfung praktisch

- Integritätspakt: http://www.transparency.de/Integritaetspakt.80.0.html
- Verhaltensrichtlinien: http://www.icc-deutschland.de/icc-regeln-und-richtlinien/icc-verhaltensrichtlinien/icc-verhaltensrichtlinien-anti-korruption-bestechung-in-deutschland-definition-geschichte.html
- 22 Szenarien der Korruption im internationalen Geschäft als Schulungshilfe für Mitarbeiter: http://www.icc-deutschland.de/fileadmin/ICC_Dokumente/RESIST_2teAuflage_Screen.pdf
- Whistleblower: http://www.whistleblower-net.de/und http://www.whistleblower-net.de/was-wir-wollen/regelungen-in-organisationen/

Uwe Bekemann. *Kommunale Korruptionsbekämpfung*. Stuttgart: Deutscher Gemeinde Verlag/Kohlhammer, 2007

- Dieter Dölling. *Handbuch Korruptionsbekämpfung* (s. u. »Recht – deutschsprachige Länder«)
- Helmut Fiebig, Heinrich Junker. *Korruption und Untreue im öffentlichen Dienst: Erkennen – Bekämpfen – Vorbeugen*. Berlin: Erich Schmidt Verlag, 2004[2]
- Peter Graeff u. a. (Hg.). *Der Korruptionsfall Siemens: Analysen und praxisnahe Folgerungen des wissenschaftlichen Arbeitskreises von Transparency International Deutschland*. Baden-Baden: Nomos, 2009
- Zora Ledergerber. *»Whistleblowing« unter dem Aspekt der Korruptionsbekämpfung*. Bern: Stämpfli Verlag, 2005
- Roder Odenthal. *Korruption und Mitarbeiterkriminalität*. Wiesbaden: Gabler, 2009[4]
- Ingo Pies. *Wie bekämpft man Korruption? Lektionen der Wirtschafts- und Unternehmensethik für eine ›Ordnungspolitik zweiter Ordnung‹.* Berlin: wvb Wiss. Verlag, 2008
- Raimund Röhrich (Hg.). *Methoden der Korruptionsbekämpfung: Risiken erkennen – Schäden vermeiden*. Berlin: Erich Schmidt Verlag, 2008
- Englisch: http://www.globethics.net/web/ge/library/libraries-home
- Martin T. Biegelmann, Daniel R. Biegelmann. *Foreign Corrupt Practices Act Compliance Guidebook*. Hoboken (NJ): John Wiley, 2010

Gute Regierungsführung (Good Governance)

- http://de.wikipedia.org/wiki/Gute_Regierungsführung
- http://www.bpb.de/apuz/28952/good-governance-gegen-armut-und-staatsversagen?p=all
- Franz Nuscheler. *»Good Governance: Ein universelles Leitbild von Staatlichkeit und Entwicklung?«* INEF-Report 96/2009,
- http://inef.uni-due.de/page/documents/Report96.pdf

Kirchliche Korruption

- http://www.ead.de/die-allianz/werke-und-einrichtungen/grundsaetze-fuer-die-verwendung-von-spendenmitteln.html
- Evangelisches Missionswerk in Südwestdeutschland (EMS). *Anti-Korruptions Policy. 2007*. http://www.ems-online.org/uploads/media/EMS_Anti-Korruptions_Policy_deutsch.pdf
- Theodor Ahrens. »Wenn Gaben fehlgehen: Korruption als Problem ökumenischer Beziehungen«. S. 41-142 in: ders. (Hg.). *Vom Charme der Gabe*. Frankfurt a. M.: Lembeck, 2008

- Theodor Ahrens. »Zum Antikorruptionsdiskurs in den evangelischen Missionswerken«. 23.11.2008. http://www.majimaji.de/download/Themen/Korruption/2008_Freiburg_Seminar/2008_11_23_Ahrens.pdf
- Englisch: Christoph Stückelberger. *Corruption-free Churches*. Genf: Globethics.net, 2010; auch unter http://www.christophstueckelberger.ch/dokumente_e/corruption_free_churches_stueckelberger.pdf

Christliche Kampagnen
- http://www.micha-initiative.de/mitmachen/exposed
- http://www.stoparmut2015.ch/exposed
- http://www.christnet.ch/de/content/mammon-dossier-20
- Englisch: http://www.exposedcampaign.com
- http://www.unashamedlyethical.com

Bibel und christliche Theologie
- Paul Kleiner. Bestechung: Eine theologisch-ethische Untersuchung. Bern: Peter Lang, 1992
- Karl Rennstich. Korruption: Eine Herausforderung für Gesellschaft und Kirche. Stuttgart: Quell Verlag, 1990
- Karl Rennstich. Korruption und Religion. München: Rainer Hampp Verlag, 2005 (auch alle Weltreligionen)
- Thomas Schirrmacher. Führen in ethischer Verantwortung: Die drei Seiten jeder Entscheidung. Gießen: Brunnen, 2. Aufl. 2008

Anmerkungen

[1] Monsau. Vereinte Nationen. 1.

[2] Gounev. Corruption. 36-43.

[3] Original: »Power tends to corrupt and absolute power corrupts absolutely.«

[4] Zit. N. Rennstich. Korruption: Eine Herausforderung. 40.

[5] http://www.umsetzungsberatung.de/geschaeftsleitung/machtmissbrauch.php

[6] Vgl. Transparency International Schweiz. Korruption und Korruptionsbekämpfung. 29-33.

[7] Weitere Beispiele bei Stockhammer. Politische Korruption. 58-72.

[8] Fisman, Miguel. Gangsters. 189-190.

[9] Zum Beamtentum in Preußen vgl. Christoph Meineke. Korruption. 141-165.

[10] Belege bei Rennstich. Korruption und Religion.

[11] Vgl. Höffling. Korruption. 14-18. Er beschreibt Korruption als symbolische Verdichtung des Unmoralischen.

[12] Zit. n. Achathaler. Korruptionsbekämpfung. 131-132.

[13] Priddat, Schmid. Korruption als Ordnung. 63.

[14] http://www.bka.de/nn_231592/DE/ThemenABisZ/Deliktsbereiche/Korruption/korruption__node.html?__nnn=true

[15] Bundeskriminalamt. Bundeslagebild Korruption 2012: 3.

[16] Pies. Korruption. 21.

[17] Frederik Galtung. ›An der Korruptionsfront‹. 171-181, in: Korruption. Kursbuch 120 (Juni 1995). Rowohlt Berlin Verlag: Berlin, 1995. 172, 173.

[18] Bundeskriminalamt. Bundeslagebild Korruption 2012. 8.

[19] TI. Korruption und Korruptionsbekämpfung in der Schweiz. 30.

[20] Forgione. Mafia. 35.

[21] Transparency International. Global Report 2004. 13.

[22] Vgl. Jahrbuch Korruption 2006. 190-206.

[23] Vgl. Stückelberger 56-61 und UNIFEM, UNDP. Corruption, Accountability and Gender: Understanding the Connections. 2010. http://iknowpolitics.org/sites/default/files/undp-unifem_corruption2c20accountability20and20gender_en.pdf

[24] Vgl. Christine Schirrmacher, Thomas Schirrmacher. Unterdrückte Frauen. Gewalt – Ausbeutung – Armut. Holzgerlingen: SCM Hänssler, 2013.

[25] Siehe Details bei http://de.wikipedia.org/wiki/Visa-Affäre.

[26] »Neue Schmiergeld-Affäre im Auswärtigen Amt«, in *Spiegel Online*, 18.12.2010, http://www.spiegel.de/politik/ deutschland/0,1518,735435,00.html.

[27] Vgl. Cockcroft. Global Corruption. 115-138.

[28] Vgl. Fifka, Falke. Korruption. 151-167.

[29] Transparency International. Money.

[30] Eine ausgezeichnete Gesamtliste bei Transparency International. Global Report 2007. xxiv-xxvii.

[31] von Arnim. Korruption. 58; vgl. 59-63.

[32] Eine Liste weiterer bekannter Bestechungsfälle im Sport findet sich bei von Arnim. Korruption. 81-126.

[33] TI Schweiz. Korruption im Sport. 2.

[34] http://www.gmx.net/themen/schweiz/top/8097j8w_p6-groessten-korruptionsfaelle-schweiz

[35] http://www.micha-initiative.de/mitmachen/exposed

[36] Vgl. von Arnim. Defizite. 53-68.

[37] Zur Kritik oder wenigstens kritischen Einordnung des CPI vgl. Jansen, Priddat. Korruption. 11-14; Litzcke. Korruption. 11-12; Fifka, Falke. Korruption. 123. Zur Diskussion, wie unabhängig TI ist, vgl. von Arnim. Korruption. 127-150.

[38] Quelle der Daten: http://cpi.transparency.org/cpi2013/results/

[39] http://www.transparency.org/news/pressrelease/20120710_ti_veroeffentlicht_transparenz_rangliste

[40] Bundeskriminalamt. Bundeslagebild Korruption 2012. 8.

[41] Vgl. Dirk Holtbrügge, Carina B. Friedmann. Geschäftserfolg in Indien. Berlin: Springer, 2011.

[42] Details siehe bei Rügemer. Colonia.

[43] Johann Graf Lambsdorff. »Korruption als Wachstumsbremse«. Aus Politik und Zeitgeschichte 2009, http://www.bpb.de/ apuz/32249/korruption-als-wachstumsbremse?p=all; ausführlicher dazu Alemann. Dimensionen. 233-248.

[44] Weitere Beispiele in International Council on Human Rights. Corruption and Human Rights.

[45] FAZ vom 24.03.2014.

[46] Ein guter Überblick bei Litzcke. Korruption. 38-40 und Greaf, Grieger. Korruption. 156-158.

[47] Bo Rothstein. The Quality of Governance. Chicago, London: The University of Chicago Press, 2011. 193-206.

48 http://www.bak.gv.at/cms/BAK_dt/vorstellung/start.aspx
49 http://www.transparency.de/Integritaetspakt.80.0.html
50 http://www.icc-deutschland.de/icc-regeln-und-richtlinien/
   icc-verhaltensrichtlinien/icc-verhaltensrichtlinien-anti-korrup-
   tion-bestechung-in-deutschland-definition-geschichte.html
51 Vgl. Litzcke. Korruption. 43-47 und Transparency International.
   Whistleblowing in Europe.
52 Bundeskriminalamt. Bundeslagebild Korruption 2012. 12.
53 http://www.whistleblower-net.de/was-wir-wollen/
   regelungen-in-organisationen/
54 Vgl. Van Buitenen. Unbestechlich.
55 Sämtliche Prüfungsberichte werden zusammengefasst dargestellt
   unter http://www.europarl.europa.eu/experts/5_de.htm.
56 Vgl. zur Beurteilung der Korruption in Bibel und Kirchenge-
   schichte: Rennstich. Korruption: Eine Herausforderung; Kleiner.
   Bestechung.
57 Vgl. Stückelberger. Corruption-free churches. 125-126.
58 So auch Klaus M. Leisinger. Unternehmensethik: Globale Verantwortung und modernes Management. C. H. Beck: München, 1997.
   62-83. Leisinger unterscheidet S. 67 u. a. vor allem zwischen
   kleiner (in der Dritten Welt zum Überleben notwendiger) und
   großer Korruption (mit fließenden Übergängen) und ebenso wie
   wir zwischen Korruption für legale (schuldig ist der Empfänger)
   und für illegale Zwecke (schuldig sind beide).

Samuel Pfeifer. *Depression. Krankheit der Moderne.*
(ISBN 978-3-7751-5179-5)

Christoph Raedel. *Gender Mainstreaming.
Auflösung der Geschlechter?* (ISBN 978-3-7751-5522-9)

Ulrich Reuter. *Klimawandel. Kollabiert unsere Erde?*
(ISBN 978-3-7751-4695-1)

Christine Schirrmacher. *Die Scharia. Recht und Gesetz
im Islam.* (ISBN 978-3-7751-4657-9)

Christine Schirrmacher. *Islam und Demokratie.
Ein Gegensatz?* (ISBN 978-3-7751-5451-2)

Christine Schirrmacher, Thomas Schirrmacher.
Unterdrückte Frauen. Gewalt – Ausbeutung – Armut.
(ISBN 978-3-7751-5480-2)

Christine Schirrmacher. *Islamismus.
Wenn Religion zur Politik wird.* (ISBN 978-3-7751-5259-4)

Thomas Schirrmacher. *Christenverfolgung heute.
Die vergessenen Märtyrer.* (ISBN 978-3-7751-4908-2)

Thomas Schirrmacher. *Koran und Bibel. Die größten Religio-
nen im Vergleich.* (ISBN 978-3-7751-4802-3)

Thomas Schirrmacher. *Menschenrechte. Anspruch und Wirk-
lichkeit.* (ISBN 978-3-7751-5379-9)

Thomas Schirrmacher. *Menschenhandel. Die Rückkehr der
Sklaverei.* (ISBN 978-3-7751-5335-5)

Thomas Schirrmacher. *Fundamentalismus. Wenn Religion zur Gefahr wird.* (ISBN 978-3-7751-5203-7)

Brigitte Schorr. *Hochsensibilität. Empfindsamkeit leben und verstehen.* (ISBN 978-3-7751-5336-2)

Hans-Arved Willberg. *Ausgebrannt. Burnout erkennen und überwinden.* (ISBN 978-3-7751-4801-6)

Roswitha Wurm. *Schlafstörungen. Ursachen und Lösungen.* (ISBN 978-3-7751-5285-3)

Thomas Zimmermanns. *Meinungs- und Pressefreiheit. Chancen und Gefährdung.* (ISBN 978-3-7751-4577-0)

Bitte fragen Sie in Ihrer Buchhandlung nach diesen Büchern! Viele davon sind auch als E-Book erhältlich: www.scm-shop.de. Oder schreiben Sie an: SCM Hänssler, D-71 087 Holzgerlingen; E-Mail: info@scm-verlag.de; Internet: www.scm-haenssler.de